远　见　成　就　未　来

建 投 书 店 投 资 有 限 公 司

More than books

居里夫人，1920 年前后。

16 岁的玛丽亚，从公立女子中学毕业前后。

皮埃尔·居里（1859—1906）。

骑自行车旅行的皮埃尔和玛丽。

与美国总统哈定合影，图中的男士是总统哈定，他的左边是玛丽。

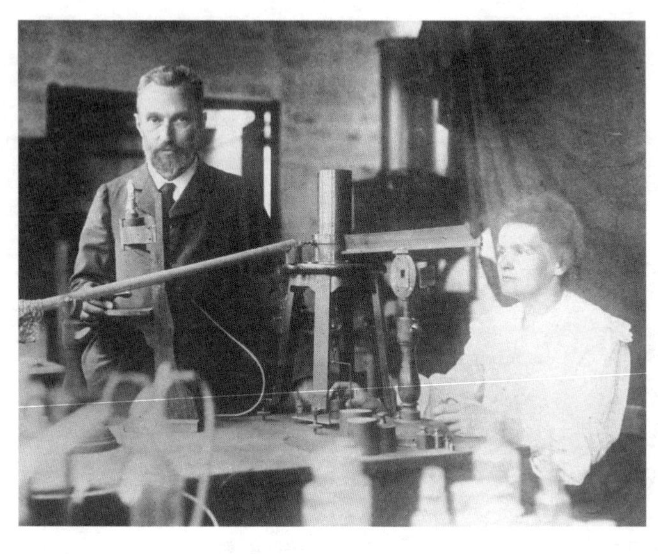

实验室里的居里夫妇，拍摄于 19 世纪
90 年代。

1911 年在比利时布鲁塞尔召开的第 1 次索尔维会议：玛丽坐在桌边，单手托腮；她的右边是庞加莱，后排右一是朗之万，朗之万左边是年轻时的阿尔伯特·爱因斯坦。

奔赴战场的 X 射线诊断车“普泰特·居里”，玛丽坐在车上驾驶席的位置。

1921 年访问美国时的玛丽，左边为小女儿艾芙，右边为大女儿伊蕾娜。

父亲斯克沃多夫斯基和他的女儿们，最右边是三女儿海伦娜（海拉），中间是二女儿布罗尼斯洛娃（布罗尼雅），左边是四女儿玛丽亚（玛妮雅）。

我是
居里夫人

我证明了女性在科学上毫不逊色于男性

筑摩书房编辑部 著
孙大超 译

中国出版集团
中 译 出 版 社

图书在版编目（CIP）数据

我是居里夫人 /日本筑摩书房编辑部著；孙大超译
. --北京：中译出版社，2019.7
ISBN 978-7-5001-5875-2

Ⅰ. ①我… Ⅱ. ①日… ②孙… Ⅲ. ①居里夫人（Curie, Marie 1867-1934）—传记 Ⅳ. ①K835.656.13

中国版本图书馆CIP数据核字（2018）第300879号

版权登记号：01-2018-8200

我是居里夫人

出版发行：中译出版社
地　　址：北京市西城区车公庄大街甲 4 号物华大厦六层
电　　话：（010）68359101；68359303（发行部）；
68357328；53601537（编辑部）
邮　　编：100044
电子邮箱：book@ctph.com.cn
网　　址：http://www.ctph.com.cn

出 版 人：张高里
特约编辑：冯丽媛　楼伟珊
责任编辑：郭宇佳　张孟词
封面设计：肖晋兴

排　　版：壹原視覺
印　　刷：北京中科印刷有限公司
经　　销：新华书店

规　　格：787 毫米 ×1092 毫米　1/32
印　　张：5.5
字　　数：51 千字
版　　次：2019 年 7 月第 1 版
印　　次：2019 年 7 月第 1 次

ISBN 978-7-5001-5875-2　　　　**定价**：32.80 元

中　译　出　版　社

她常常废寝忘食，工作到忘我的境界。她对世间的名誉毫不在意，对一些流言蜚语更是充耳不闻。

写在前面的话

点亮个人生涯的几个“首位”“唯一”

“请将你能想到的、科学史上的伟人名字列举出来”，假如要调查统计这样一份问卷，想必人们一定会说出古今中外不胜枚举的科学界伟人。

但是，如果加上“女性”这样一个限定条件，想必绝大多数人想到的名字一定是玛丽·居里（居里夫人）。

她和丈夫皮埃尔·居里一生致力于放射性物质的研究，发现了钋和镭两种新元素，同时也探究清楚了这两种元素的诸多相关性质。现在广为应用的——译为“放射能”，法语叫作“radioactivité”的名词，也是居里夫妇创造的。

基于在这项研究中取得的成绩，1903 年，玛丽·居里与丈夫以及贝克勒尔共同获得了诺贝尔物理学奖，而她也成为世界上首位获得诺贝尔奖的女性。1911 年，居里夫人又单独获得了诺贝尔化学奖，成为世界上首位两度获得诺贝尔奖的人。

“世界首位”这个词出现了两次。回顾玛丽·居里的个人生涯，人们惊讶地发现她创造了太多个“首位”“唯一”。

当然，科学家的工作就是探索开辟未知的领域，科学发现本身就是“首次”，而对玛丽·居里作出评价时，又特意突出强调了“首位”，由此可见，玛丽·居里的研究成果对科学界乃至世界其他领域，产生了多么深远的影响。

另一方面，如果仔细观察留存至今的玛丽·居里的照片，不难发现，她总是嘴唇紧绷，表情严肃。人们在那些照片中，连一张有一丝微笑的照片都没有见过。

这是因为她一直在严肃认真地和研究对象打交道。她常常废寝忘食，工作到忘我的境界。她对世间的名誉毫不在意，对一些流言蜚语更是充耳不闻。这种苦行僧一般的形象与照片散发出来的气质很相符。可是，如果读了玛丽·居里的小女儿艾芙所写的传记，就会惊讶地发现玛丽·居里原来也有感情丰富的一面，在遇到高兴的事情时，她会率真地表现出欢欣雀跃的样子。那些表情严肃的照片，也许是她腼腆的另一面。

是怎样的人生经历，塑造出了玛丽这样的性格和形象呢？是什么样的动力，驱使她在科学的领域不断开拓创新呢？

希望这本书能够帮助读者朋友们进一步了解玛丽·居里。

目　录

第一章

波兰少女玛丽亚

小女儿“玛丽亚”

居里夫人移居法国与丈夫结婚之后，才有了众所周知的玛丽·居里这个名字。

居里夫人出生时，本名叫作玛丽亚·斯克沃多夫斯卡，1867 年出生于波兰的首都华沙。

也有书籍把她的名字写作“斯克洛多夫斯卡”，这只是波兰语中的不同拼写方法罢了。

玛丽亚的父亲乌拉狄斯拉夫·斯克沃多夫斯基（波兰人名字的结尾因性别而有所不同）是学校的教师。具体来说，他在华沙市内诺佛立普基路的男子中学里教物理和数学，同时兼任负责督导教学的副督学。

直到玛丽亚出生的第二年，母亲布罗尼斯洛娃还在担任华沙一所寄宿学校的校长。父母双方都从事教育行业，人们不禁会认为这个家庭一定很古板，事实并不如此。

天生丽质的大姐苏菲比玛丽亚年长5岁，家人叫她素希雅。

玛丽亚的哥哥叫约瑟夫，爱称叫约乔。与玛丽亚关系最要好的二姐，与母亲一样，叫布罗尼斯洛娃，爱称叫布罗尼雅，比玛丽亚年长2岁。五个孩子中最漂亮的是三姐，比玛丽亚年长1岁，叫海伦娜，爱称叫海拉。

平时，大家称玛丽亚为玛妮雅。换作我们常见的称呼习惯，也就是小妮雅。

也有人称她为芭利爱琼、玛妮西雅，或是安丘裴茜，无论哪种称呼都是大家对小妹妹的爱称。

正如这些爱称所表达的，玛丽亚在严厉又不失和蔼的父母、兄长和姐姐们的细心呵护下茁壮成长。在五个孩子中，玛丽亚最聪明，在陪二姐布罗尼雅学习的时候，玛丽亚竟然学会了希腊字母。姐姐磕磕绊绊才能勉强读下来的书，她竟然能流利地读完。父母担心她早熟，有意不让她胡乱看书。

然而，并不是一切事情都顺风顺水。虽然一家人的生活朴素而温馨，却也笼罩着一层挥之不去的阴影。

玛丽亚出生后，母亲布罗尼斯洛娃患上了肺结核，疾病很顽固，迟迟没有治愈。母亲是一名坚强的女性，在患病的同时坚持操持家务、照顾孩子。同时，为了不将这个可怕的疾病传染给孩子，母亲格外注意卫生。每次吃饭时，她不与孩子共用餐具，平时也不亲吻孩子。母亲也曾四处求医，尝试了许多种治疗方法，可疗效都不明显，病情仍旧持续恶化。

另外，还有一层阴影，那就是祖国波兰在那个年代正在遭受着巨大的苦难。

波兰这个国家

下面，我们来了解一下玛丽亚的出生地——波兰以及波兰当时在国际社会上的处境。

波兰地处中欧东部。波兰国名的由来——“Pohle”，意为原野、平原，有“平原之国”之称。从 14 世纪起，波兰与立陶宛联合建立了波兰立陶宛王国，北临波罗的海，南临黑海——现在的白俄罗斯、乌克兰的大部分地区也是其领土范围。一时间，波兰成了欧洲首屈一指的大国。

可是后来，波兰国力衰退，到了 18 世纪，其国土曾三次被强大的邻国俄国、奥地利、普鲁士王国无情地瓜分，整个国家四分五裂。正如波兰国名所代表的含义，波兰除了南部以外，其他地区地势平坦广阔，是连接欧洲东西部的要地，对于相邻的强国来说，这片土地是“不可错过的猎物”。

到了玛丽亚出生的时候，包括首都华沙在内的旧国土的一大半，虽然名义上还叫“波兰立宪王国”，实际上已经变成了邻国俄国的领土。

这一点让向来自豪的波兰人民无法接受。波兰人民多次发起收回“波兰人民的波兰”运动，可是都被占领着波兰的俄国轻而易举地镇压下来。

不仅如此，每次发动反抗运动之后，波兰人民受到的压迫就更加残酷。

特别是知识分子阶层，成了被重点监视、监督的对象，这其中也包括教师。教师在人们的内心深处“播撒种子”，传播波兰的文化、传统、语言、知识，这些都是让波兰人引以为傲的精神食粮。

俄国对波兰实施的统治政策，可以说是大国占领其他国家时的惯用手段。否定波兰的语言和文化，推行“俄国化”。在公立学校，只有那些表示誓死忠诚于俄国的人才能被任命为学校的责任人，学校里使用俄语教学，学生们也被强制要求感谢“慈悲惠民”的俄国沙皇。

当然，波兰教师在教学时也必须严格遵守这样的方针政策。但是，那些没有忘记民族自豪感的波兰教师们表面上装作在执行俄国的方针政策，暗地里始终没有放弃教育孩子们要做一个“堂堂正正的波兰人”。玛丽亚的父亲斯克沃多夫斯基，表面上并不参加抵抗运动，实际上却是有着“民族自豪感”的教师之一。

可是，表面顺从、暗地里反抗的方式在一段时间之后，就无法持续下去了。

在斯克沃多夫斯基老师任教的男子中学里，伊万诺夫是统治者俄国予以任命的校长，他是一个阴险狡诈的人。在学校里，他经常瞪大眼睛四处观察，看是否存在反抗俄国的行为，是否混入了一丁点儿“波兰式的事物”。他逐一检查学生们的作业和笔记，如果发现有人使用的不是正确的俄语，而是掺杂了波兰语的表达方式，他就会极其严厉地批评这名学生。

斯克沃多夫斯基老师无法忍受校长这样的行为，对校长发起了质问：“伊万诺夫校长，您这么严厉地批评学生，可是您也经常用错俄语。孩子们不是刻意说错的，您这样批评他们，未免过于苛刻了。”

斯克沃多夫斯基老师学成于俄国的知名大

学圣彼得堡大学。被一位有着这样教育背景的人指责，伊万诺夫校长哑口无言。也正是因为这些矛盾，伊万诺夫校长和斯克沃多夫斯基老师之间的关系产生了裂痕，表面上双方对彼此都很恭敬，可实际上，双方的关系已经恶化到无法挽回的地步了。

笼罩在斯克沃多夫斯基家的阴云

校长对斯克沃多夫斯基老师的愤恨从未减少，他深知这名部下虽然表面上顺从，但内心深处那种“波兰人的自豪感”丝毫没有动摇过。1873 年秋，在玛丽亚还不满 6 岁的时候，校长为了报复斯克沃多夫斯基老师对俄国统治的些许抵抗，对他下达了严厉的处分。

那一年新学期就要开始的时候，政府当局

发来了通告，免去了斯克沃多夫斯基老师男子中学副督学的职务，同时也降低了薪资待遇。一家人原本住在学校旁边的公务员公寓，现在竟然要被撵出去。这是为了杀一儆百，让周围的人看到不顺从沙皇俄国的人，将会得到一个怎样的下场。

斯克沃多夫斯基老师不得不带着 5 个孩子和病弱的妻子，把家搬到更加简陋的房子里。事情还不仅如此。斯克沃多夫斯基老师有时也是一个老好人，妻子的兄弟带来了一个投资项目，说是“一定能赚钱，这是个绝佳的机会”——面对这项梦幻般的新科技，他几乎把家里所有的积蓄都投了进去。

正因为自己是一名教授科学的教师，总是梦想着能成为一名研究者，所以他过分地相信科学的进步和新科技，同时，也着急想做些什么来贴补家用，结果却让一家人的生活变得更加贫困、可怜。

为了贴补家用，斯克沃多夫斯基一家将部分房间出租，成了学生的房东。斯克沃多夫斯基老师不仅为学生们提供住处，还为学生补习物理和数学，前来住宿的学生人数竟然超过了10 人，与其说是房间出租，不如说是寄宿学校了。就这样，一家人过着贫穷却热闹的生活。

可是，1875—1876 年的那个冬天，发生了意想不到的事情。寄宿的一名学生染上了伤寒，伤寒又传染给了玛丽亚的两个姐姐，素希雅和布罗尼雅。高烧持续不退，两姐妹的身体变得格外虚弱。后来，布罗尼雅的身体幸运地恢复了，可是姐姐素希雅再也没有好起来，于 1876 年 1 月不幸病逝。还在生病卧床的布罗尼雅和不能离开病床的母亲都没有去参加葬礼，这使得姐姐素希雅的葬礼显得更加孤寂可怜。

不幸的事情又发生了。仅仅过了两年，向

来和蔼的母亲因为肺结核病情加重，不幸去世。女儿素希雅的离世让本来就身患疾病的母亲倍受打击，完全丧失了战胜病魔的力气。

“求学”这个想法

不幸的遭遇给玛丽亚的生活蒙上了一层阴影，然而，求学这件事为玛丽亚打开了新的大门，让她内心充满了憧憬。

小时候在私立女子学校就读时，老师们就非常惊讶，这个“小不点儿”比高年级的学生学东西还要快，头脑非常灵敏。可是，玛丽亚的这一特点有时也会被利用，无奈地去做一些迫不得已的事情。

乍一看，学校培养的都是知书达理的“大

家闺秀”，但是在政府当局监视不到的地方，私立学校会使用明令禁止的波兰语教材来讲授波兰的历史、文化。不过，归顺于俄国的教学视察官有时会来学校检查。这时，教室里会响起铃声作为暗号。学生们赶快收起正在使用的波兰语教科书，显出十分顺从乖巧的样子，装模作样地上手工裁缝课。

为了确认学校进行的是俄国化的“正确课程教育”，老师会点名让玛丽亚来回答问题。玛丽亚便起立背诵俄语祈祷词、俄国历代沙皇名称以及当代沙皇一家的姓名。原来如此，这所学校一点儿问题都没有！教学视察官满意地离开后，大家紧绷的心情才放松下来。玛丽亚的回答天衣无缝，正因为她用漂亮的俄语发音回答了这些问题，学校才能够平安无事地通过检查。可即便这样，在下课之后，玛丽亚还是不禁流下了伤心的眼泪。

玛丽亚出生、成长在波兰，从小接受的是波兰的文化教育，对身为波兰人感到无比自豪。可是，傲慢无礼的俄国强制对波兰人实施奴化教育。

这些事情对玛丽亚的一生都产生了巨大的影响。后来，玛丽亚去法国留学，在法国结下了人生良缘并在法国去世。但是，出生在波兰的玛丽亚自始至终没有忘记自己的祖国。不仅如此，她还一心思考着如何才能为祖国作出更多的贡献。

母亲去世不久后，玛丽亚去了公立中学上学。正是这样的公立中学都会大张旗鼓地开展“俄国化的正确教学”，很多教师都顺从于俄国，学校的目标就是把学生教育成“忠于俄国沙皇和俄罗斯帝国的波兰人”！

玛丽亚在学校里有一名关系要好的同学，叫作卡嘉·普希波洛夫斯卡，两人常常结伴而行。在华沙中心著名的萨斯基公园里，有一座“赞颂效忠于俄国沙皇的波兰人”的纪念碑，两人在穿过公园、路过纪念碑时，每次都会不约而同地向纪念碑吐口水。小孩子以此来发泄内心的不满——这也正表达了孩子们对这种强制服从的不认可，是自然而然表现出来的反抗行为。

尽管如此，在这样的学校里仍然有受人尊敬的好老师，讲起课来情绪激昂。令人更加欣慰的是，玛丽亚喜欢上了学习。

暑假时学校没有课，玛丽亚就跟好朋友卡嘉保持通信，在玛丽亚写的信中，也可以看出她对学习的热爱：

“……即便这样，我还是喜欢上学。你可能会嘲笑我，但我还是喜欢上学。我现在才发现，我非常喜欢。不要担心我暑假里会寂寞无聊！一点儿都不无聊！总之，一想到马上就要开学了，你可不要情绪低落啊！……还有两年才能毕业，以后的学校生活不会像以前那样漫长、可怕、痛苦。”（摘自《居里夫人传》，艾芙·居里著，河野万里子译，白水社刊出版。下文中，有关玛丽的信件、日记等内容，均引用自该传记。）

老师们也疑惑地认为“那个孩子很固执，对俄国的忠诚只停留在表面上”。可是玛丽亚那一颗炽热的求学之心以及她像海绵一样吸收知识的能力，让老师们不得不佩服。1883 年，玛丽亚以金牌优秀毕业生第一名的身份从中学毕业。

此后一年多的时间里，玛丽亚来到乡下农村亲戚家生活。今后玛丽亚要去法国留学，父亲斯克沃多夫斯基对她的身体状况不免心生忧虑，“这孩子学习时太忘我，如果心里只装着学习，很有可能累坏了身体。趁着还没进入下一个学习阶段，先让她在农村无忧无虑、健康地生活一阵子吧”。

玛丽亚有时去森林散步，有时骑马，进行各种体育运动。在这段时间里，玛丽亚充分享受着乡间生活的快乐和自由。

挣钱贴补家用

在玛丽亚生活的年代，女孩子一般在中学毕业后就不再继续上学读书了，或是找一份工作，或是为将来嫁人结婚作一些准备。

斯克沃多夫斯基家是教育世家，格外注重教育，而且孩子们也都很优秀。既然父亲斯克沃多夫斯基和孩子们的想法一致，所以不论男孩女孩，父亲希望他们都能到更高等的学府进一步深造。

儿子约瑟夫从男子中学毕业后，又考入了大学的医学部继续深造。布罗尼雅和玛丽亚也想继续上学深造，可是当时华沙大学并不招收女学生，如果出国留学，一家人又凑不齐出国留学的费用。

为了挣钱贴补家用，玛丽亚从乡下回来，开始在华沙当家庭教师。玛丽亚可以教多门课程，有她在学校最擅长的代数、几何等数学类科目，还有那个时代欧洲最有竞争力的国际语，以及上层阶级、知识分子阶级十分重视的、能够体现良好个人教养的法语。虽然玛丽亚只是一个十几岁的小女孩，但是“教”起来像模像样，丝毫不输专业教师，可是，学生们并不都是一心向学，这也让玛丽亚体会到了教学时的辛苦之处。

在努力挣钱生活的同时，玛丽亚和姐姐们一起去“流动大学”学习。所谓的“流动大学”，是当时为一心求学的波兰青年在华沙开设的免费公开讲座。讲座的地点并不在特定的学校里，而是在讲师的家里或者是在好心人的家里悄悄地进行——当然，这是非法的，如果被治安当局发现了，一定会被认为是“针对俄国而实施的阴谋”，教师和学生都很有可能受到严厉的惩罚，波兰的青年肩负着振兴国家的责任，而用母语波兰语来学习知识，在当时却如此危险。

在这所“流动大学”里，玛丽亚不仅是在学习，一段时间后，她也成了这里的讲师，负责教授女性劳动者一些基础知识。

常驻学生家中的家庭教师

可是，玛丽亚会就此满足吗？

玛丽亚心中还有一个梦想，那就是更加

深入系统地学习科学和数学。不过，她不仅要考虑自己的事情，还要考虑姐姐布罗尼雅。在母亲和姐姐素希雅去世后，布罗尼雅就当起了“一家的女主人”。

布罗尼雅在中学时代也是金牌优秀毕业生，她和哥哥约瑟夫一样，都有着成为医生的梦想，无奈大学不招女生，女孩子没有进修深造之地。布罗尼雅期盼着有一天能够出国留学，为了作好准备，她不断攒钱，可是心里没有把握，不知何时能实现这个愿望。

玛丽亚向姐姐布罗尼雅提出了建议：“如果我们各自筹备各自的钱，那么无论到什么时候，也无法实现两个人都去留学的愿望。所以，我把迄今为止积攒的钱拿出来，先让你去留学。”

话虽这样说，可当时积攒下来的钱只能勉强支撑去巴黎学习一年。医学部的课程需要 5 年，这些积蓄根本支撑不到毕业。

“不够的话，我和父亲挣钱汇款过去。等你当上医生、挣了钱，那时我再去留学。”

大家都在工作挣钱，可是也没有积攒够留学的费用，怎么能够攒下汇款的钱呢？

但是，玛丽亚心有胜算。如果她与家人生活在一起，就要花费生活费，这样很难攒下积蓄；如果常住在富贵人家做家庭教师，收入不仅可观，还不用花生活费。这样的话，布罗尼雅一直凑不够的留学费用就可以得到解决了。

让妹妹完全承担费用的负担而自己出国留学，布罗尼雅始终无法接受这一点。“我们按照顺序来，等你学有所成之后，就由你来帮助我实现留学之梦了。”在玛丽亚的坚持劝说下，姐姐只好先行一步，走上留学之路。在动身前往巴黎之前，布罗尼雅一遍又一遍地与妹妹约定，她一定抓紧完成医学部的学习课程，让玛丽亚尽快实现留学的愿望。

1885年秋天，玛丽亚委托职业介绍所，找到一份常住学生家中的家庭教师工作。

破裂的恋情

1885年年底，玛丽亚给表哥写了这样一封信。

“我还是闲不住，现在有点儿迷茫，我找了一份在乡下做家庭教师的工作。地点在布沃茨克省（音译），年收入是500卢布，从1月1日开始。”

当初困难的时候，一家人也没有分离过，为了能够接着去“流动大学”，玛丽亚想在华沙市内找一份工作，可是怎么也没碰上好运气。正在玛丽亚垂头丧气的时候，工作机会摆在她面前。虽然要离开华沙，但这时可不是任性的时候。玛丽亚收拾好行李，离开了熟悉的老街。

玛丽亚所去之处，是富裕的左拉夫斯基家，这家人经营着广阔的甜菜农场。玛丽亚要教的是这家的大女儿——18 岁的布伦卡和她的弟弟——10 岁的安杰，后来在华沙寄宿学校上学的兄弟约莱克也回来一起听课学习。除了这几名孩子之外，左拉夫斯基家里还有两个更小的孩子，是一个热闹的大家庭。玛丽亚与布伦卡年纪相仿，十分投缘，一家人愉快地接受了玛丽亚的到来。

乡下的生活很单调，每天都重复着同样的日子。不久后，华沙“流动大学”带来的使命感让玛丽亚的内心不禁隐隐作痛。玛丽亚与布伦卡商量一番后，开始把附近的农民和制糖工厂工人的孩子召集起来，悄悄地教他们学习读写波兰语。当然，这是非法活动，可这给玛丽亚带来了超越“为挣钱而教学”的满足感。

此时玛丽亚的生活还发生了一个巨大的变化。在华沙大学读书的左拉夫斯基家的大儿子柯基梅休在放假时回到了家中。此后，玛丽亚与柯基梅休坠入了爱河。

玛丽亚正值20岁上下的好年纪，柯基梅休也还是一名学生。他们盼望着有朝一日能够结婚，两人的未来看起来一片美好。

可是，当柯基梅休向父母表述出结婚的意愿时，让这对恋人意想不到的是，他们遭到了强烈的反对。在此之前，玛丽亚已经被视为这个家庭里的一员了，所以这次她遭受的打击很大。

玛丽亚很有教养，虽然家道没落，但毕竟是下级贵族阶层出身。可是对于左拉夫斯基夫妇来说，玛丽亚这位家庭教师就是一个女佣。左拉夫斯基夫妇认为，自己的家庭是当地的名门大户，怎么能迎娶一个女佣来当儿媳妇呢？

被父母劈头盖脸教训了一顿，柯基梅休即使内心反抗，可也不敢顶撞父母。

不过，失落的玛丽亚还是坚持在左拉夫斯基家做家庭教师，直到2年的合同到期为止。

华沙还是巴黎

在左拉夫斯基家如期完成工作之后，玛丽亚仍然继续做着家庭教师的工作。一转眼，三四年过去了。这时，布罗尼雅还继续在巴黎求学，并以优异的成绩通过了考试。不久之后，她将取得盼望已久的医师资格。不仅如此，布罗尼雅在巴黎也遇到了人生的伴侣。

这个人与玛丽亚恋人的名字相同，叫作柯基梅休·德伍斯基，他也是一名医学专业的学生，同样来自波兰。他在波兰国内参与了独立运动，因此被禁止进入俄国统辖的波兰区域。他是一个爽朗真诚的人，布罗尼雅决定在法国与他结婚。

从 1888 年开始，父亲斯克沃多夫斯基吃了很多苦，当然，收入也很可观。后来他成了感化院（保护和教育不良少年、支援自立儿童的机构）的院长。父亲可以把工资的一部分拿出来给女儿汇款，玛丽亚的收入也可以留作自用了。

1890 年 3 月，身在巴黎的布罗尼雅给玛丽亚写了一封信：

“……如果一切顺利，我打算在暑假时结婚。那时，我的未婚夫也应该是医学博士了，我也只剩下最后的考试了。（中间部分略）

“……这样一来，亲爱的玛妮雅，你也该好好考虑一下自己的人生了。今年之内，你务必攒下几百卢布。然后，到巴黎来，可以住在我家。这样，既不用花房租，也不用花伙食费。

不过，要在巴黎大学就读，无论如何也要准备几百卢布。（中间部分略）

“快快下定决心吧。已经让你等了这么久了！我相信你两年一定能毕业。”

终于，玛丽亚也等来了去留学的机会。

可是，现实生活中的失落让玛丽亚的心情一落千丈。面对姐姐的邀请，玛丽亚写信作出了如下的回复：

“亲爱的布罗尼雅，我觉得我很傻，现在很傻，以后一辈子都这么傻。用现在流行的话来说，我没有运气，现在没有，以后一辈子都没有。

“以前，我犹如基督教徒梦见赎罪一般，梦想着要去巴黎。可事到如今，我已经不像以前那样满怀憧憬了。所以，现在机会突然降临到我的面前，我也不知道如何是好……”

“一定要来巴黎”“我不能去”……在此之

后，像这样的问答在姐妹两人之间还在继续着。

可是，玛丽亚心中对学习的意愿、追求科学真理的意愿，真的就彻底消失了吗？

其实并不是这样。回到华沙之后，玛丽亚又开始到“流动大学”去学习。不仅如此，母亲家的表哥约瑟夫·博古斯基在老城区附近的克拉科夫大街上开设了“工农业博物馆”，玛丽亚常常去那里。

虽然叫作“博物馆”，但这是为了不引起俄国当局的注意而实施的一个障眼法。实际上，这个“博物馆”设立的目标是对波兰国内高尖端科学技术进行研究和教育。在这里，玛丽亚领略到了开展实地科学研究的真正环境。

因为平日里有家庭教师的工作，玛丽亚去“工农业博物馆”都是在晚饭后或者休息日。

那里没有专门的指导教员，只能依靠好不容易找到的物理和化学书籍作为研究的线索。

这样一来，好多原理和法则都得不到确认。不仅如此，许多研究实验也常常失败。

许多实验器材都是玛丽亚小时候在父亲书斋的架子上看到过的，她小时候对这些器材充满了向往。闪闪发亮的试管、烧瓶、计量器、电路测量仪器……当玛丽亚把这些器材拿在手里时，她如愿以偿地进入到了“书本知识”的神秘世界。有时，实验进行得很顺利，深夜里，玛丽亚回家躺在床上时，做实验的情景仍然会浮现在眼前。

玛丽亚的决心

生活就这样继续着。一次到扎科帕内休假疗养时，玛丽亚遇到了离别已久的恋人柯基梅休·左拉夫斯基。

“如果我们重归于好，再续前缘，这一次我一定会说服我父母。”如果柯基梅休这样说的话，玛丽亚也许从此之后就不会踏上科学研究之路，科学史上或许也没有了玛丽亚的伟大发现。

然而，柯基梅休依然和从前一样优柔寡断。见到柯基梅休依然是这种态度，玛丽亚痛下决心，彻底告别了这段恋情。面对另一件让自己头疼的事情，玛丽亚也下定了决心。

1891 年 9 月 23 日，玛丽亚在寄给姐姐的信中写了如下的内容：

“……布罗尼雅，明确地告诉我，我真的可以去你那里吗？我随时都可以动身出发，也攒下了必备的积蓄。我想知道，如果我在你那里吃住，你是否需要特意节衣缩食？

“如果能和你住在一起，该有多么幸福啊！心中的痛楚也将立刻就被治愈。（中间部分略）

“如果我过去，对你的生活也没什么影响的

话，就告诉我。我都要参加哪些考试呢？什么时候才能取得入学资格呢？

“一想到去巴黎留学，我就兴奋不已，在你回信之前，我都没有心思做别的了。所以，快点儿给我回信吧。”

此后不久，玛丽亚终于坐上了从波兰开往遥远西方的列车。

第二章

前往学问之都巴黎

从“玛丽亚”到“玛丽”

转眼到了 1891 年。

24 岁的玛丽亚来到了巴黎，这个时节与其说是晚秋，不如说是初冬。欧洲西北部的冬天让人只想窝在家里，可与玛丽亚的祖国波兰比起来，这里还是十分有活力的。这里没有被其他国家统治，是可以自由讴歌的西欧先进国家首都，是先进学问和文化的中心地。

虽然天气十分寒冷，但是在另一件事情上，这的确是一个“开始的季节”。

到达巴黎之后，玛丽亚迫不及待地去了巴黎大学，在校门口看见学校贴出了这样一则告示：

理学部　第一学期

1891 年 11 月 3 日，巴黎大学开讲。

“我来这里上学，会学到很多知识！”

也许正是从此刻开始，玛丽亚才真正感受到憧憬已久的学问之都巴黎的魅力。

巴黎大学成立于 12 世纪，仅次于意大利博洛尼亚大学，拥有悠久的历史和传统，在此后数百年，始终是位于世界前列的知名大学。众所周知，巴黎大学还有“索邦神学院”这个别名，因 13 世纪时神学者罗伯尔·德·索邦在此建立学生宿舍而得名，文学部和玛丽亚所在的理学部合在一起被称为“索邦神学院”。同时，学院所在的地区也被称为“索邦神”地区。

玛丽亚用辛苦攒下的积蓄作为学费，在巴黎大学报名入学。报名时，她没有使用颇有波兰特点的“玛丽亚”（Maria）这个名字，而是使用了“玛丽”（Marie）这个带有法国风格的名字。所以，本书接下来的内容里即把玛丽亚称为玛丽。

当然，名字虽然改成了法国风格，但是姓氏仍旧是用字母拼写成的“斯克沃多夫斯卡”。玛丽略带东欧风格的形象，浅色的头发，微微紧绷的表情，还有那个让人不知道怎么读的姓氏，在法国学生中间引起了关注和议论。

这一年，巴黎大学理学部共招生约 1800 人，虽说学校的招生限制已逐渐开放，但是其中女学生只有 23 人。在这个时代，女性的权利逐渐得到了保障，但是女性上学读书的目的不是单纯作学问，更多的是为了“有条理地操持家事”，争取做一名合格的贤妻良母。玛丽可以说是女学生中的先锋人物，而且还是留学生，自然而然地吸引了来自周围的目光。

波兰社区

自己有多么引人注目，玛丽一点儿都不在意，她自始至终一心向学。世界流行前沿、繁华都市巴黎的生活并不能转移她的注意力，这是因为，她的眼前是全新的地平线，她想要遨游在梦寐以求的知识海洋之中。

来讲课的教授中鲍尔·阿贝尔是巴黎大学的数学家，后来成了理学部部长，曾支援居里夫妇。玛丽入学的1908年，恰逢发明了“李普曼式彩色相片”技术的物理学家加布里埃尔·李普曼荣获诺贝尔物理学奖，他也是教授之一。同时，还有在数学、物理、天文学等领域确立了诸多基本原理的亨利·庞加莱。教授们身穿黑色西服，表情严肃，可是，从他们口中说出的话如魔法般揭开了世界的秘密。玛丽就像是一个小孩子，被带进了装满玩具、闪闪发光的梦幻房间。

姐姐布罗尼雅住在巴黎东北部拉·维莱特的德意志大街，玛丽在姐姐的住处安顿了下来。来到巴黎不久，玛丽就燃起了斗志，干劲十足。在布罗尼雅的丈夫柯基梅休·德伍斯基医生写给波兰岳父的信中，便可看出这一点：

“……这边一切顺利。玛丽学习热情非常高涨，每天基本在巴黎大学度过，晚饭时才能见到她。她非常坚强自立，岳父大人正式地拜托我照顾她，不过她丝毫没有在意，也没有表现出敬重和顺从。我在家里的权限和地位好像是破了洞的鞋子，不招人喜欢。我希望我们能够和睦地相处。到目前为止，我还是缺乏教育者的才干，希望我们能够相互理解，和谐生活。”

姐姐布罗尼雅也给父亲写过这样的信：

“我们两个人生活得都很好。玛妮雅也很健康，每天从早学到晚，但是她一点儿都不累……”

不过，他们的生活不仅仅是学习。姐夫柯基梅休性格开朗，很喜欢社交，在巴黎居住的波兰人也常常来到德伍斯基家。即使没有朋友来时，柯基梅休也认为，家里团圆欢乐的气氛离不开包括玛丽在内的畅谈。他有时会弹弹钢琴，有时还会带着布罗尼雅和玛丽去欣赏音乐会。

在去过的音乐会中，他们听过朝气蓬勃的波兰钢琴家伊格纳西·帕德雷夫斯基的演奏。他很有艺术家的气质，头发乱乱的，五官很精致，有时也会到位于德意志大街的德伍斯基家做客。后来，伊格纳西参与了波兰独立政治运动，在第一次世界大战后，担任了波兰的总理。

这样的幸福生活对玛丽来说很难得，可是她也有困惑的一面。的确，在姐姐、姐夫家里生活，让初到国外的玛丽心里非常踏实，所有的家务事都由姐姐来操劳，玛丽无论在经济上还是在生活上，都获得了莫大的帮助。生活在姐姐家，加上经常到德伍斯基家来做客的“波兰社区”的朋友们，玛丽从未因思念家乡而感到忧伤。有时，玛丽也会主动要求参与到波兰社区组织的活动中去。

在巴黎大学开始读书后，玛丽发现自己物理、数学的基础并不够牢固。

在波兰的时候，玛丽一边做家庭教师，一边坚持自学，在“工农业博物馆”里也做过很多实验。可是，这些都是仅凭兴趣，用手边现有的素材来进行研究学习，并非是对基础知识进行系统学习。在大学里听课，老师说法语的速度如果稍快一些，玛丽就很难跟上。她从未感到学习如此吃力，因此情绪有些低落。

玛丽迫切期望尽早赶上周围的同学，并且实现当初的愿望，获得理学学士学位。为此，玛丽想寻找一个更加适合她专心学习的生活环境。

搬到拉丁区

伴着春季新学期开始，玛丽决定搬到距离大学更近的拉丁区，开始了一个人的单身生活。

拉丁区位于贯穿巴黎市的塞纳河的左岸，在巴黎五区和六区之间。以玛丽就读的巴黎大学为首，拉丁区汇集了众多高等教育机构。拉丁区，更具体地说，是“拉丁语街区”的意思。以前，大学里讲课全部用拉丁语，从欧洲来的学生也将拉丁语作为通用语言相互交流。在拉丁区这条飘散着书香之气的学问之街，随处可以听到街道上来来往往的人用拉丁语在交谈。

1892 年 3 月，玛丽给在波兰的哥哥约瑟夫写了一封信：

“可能你从父亲那里已经听说了，我决定搬到大学附近去住了。理由有很多，这学期学习任务更紧张，需要搬到离学校更近的地方。我很快就完成了搬家计划，现在正在福拉特大街3号地的新家里写这封信。面积虽然有些小，但是很适合我，房租还很便宜。从新家到化学实验室只需15分钟，到巴黎大学只需20分钟。当然，如果没有德伍斯基夫妇的帮助，一切也不会进展得如此顺利。”

只不过，即使写了许多感谢姐姐和姐夫的话，她还是不免会写几句抱怨的话。

“学习环境也比最初在德意志大街时好了许多。姐夫经常会打扰我学习，我在家的时候，除了让我和他们一起开心地聊天以外，他不让我干别的。最后，我不得不表示抗议。”

在搬到拉丁区以后，玛丽终于如愿以偿地每天都沉浸在学习之中。玛丽搬到了福拉特大街3号地的新住处之后，正如信中所说，可以步行去巴黎大学。从位于拉·维莱特德意志大街布罗尼雅夫妇家到巴黎大学，搭乘马车还需要 1 个小时。与之前相比，住在新住处的确既省时又省力。

此后几年，玛丽又在拉丁区内搬过几次家，从福拉特大街到柏特华雅大街再到佛扬替纳大街，无论搬到哪里，她住的都是简朴、寒酸的小屋。

贫穷的玛丽靠着手中仅有的积蓄和父亲寄来的生活费勉强度日，平时节衣缩食，即使在不得不花费的事情上，玛丽也尽量节省，对住处的好坏毫不在意。

“好好吃饭”

自从搬到拉丁区以来，再也没有突然被姐夫要求“愉快地聊天”，到家里来做客的波兰社区的友人们也少了很多，玛丽渐渐地沉浸在一个人独自学习的世界。

如果外出，玛丽一定是去大学教室、研究室或者图书馆。玛丽的房间里，只有折叠床、简单的褥垫、小桌椅、基本的餐具、脸盆、油灯和小煤炉。

在波兰时，玛丽做家庭教师，寄宿在别人家里的时间很长；到了巴黎，也全是由姐姐布罗尼雅来做饭。玛丽连沏药的经历都有，唯独没有做饭的经验。

所以，说到厨具，玛丽只有一个小酒精炉用于煮茶。

人们常常用“废寝忘食”来形容全神贯注做某事，可是玛丽在拉丁区时，根本没有把寝、食纳入生活之中。

如果饿了，玛丽就啃几口事先买好的面包，偶尔“奢侈”一下，最多是到学生街的简易食堂吃一顿鸡蛋料理，或者到蔬菜店买些水果。

这样的生活一直持续着，玛丽越来越瘦，最终由于身体虚弱晕倒了。姐夫柯基梅休接到玛丽朋友的通知，慌忙赶过来。虽然玛丽已经醒来，可是在姐夫这名医生看来，玛丽实在过于消瘦，体力明显下降很多。柯基梅休铁青着脸，质问玛丽：

“你这么瘦，好好吃饭了吗？”

“嗯，当然……”

“那么，你说说今天到底都吃什么了？”

“午饭吃了樱桃……一点儿红芜菁……”

实际上，岂止是“午饭”，玛丽从前天起，一共就吃了这么一点东西。柯基梅休诊断她为营养失调和过度疲劳，不由分说将玛丽拉到了自己家，让布罗尼雅准备热气腾腾的饭菜。

可是，事情并未就此解决。此后，只要稍不注意，玛丽就又回到了苦行僧般的生活。

以第一名的成绩通过物理学学士考试

这样拼命学习，玛丽不仅是想追赶上周围的同学，她还为了更高目标的实现，悄悄地燃烧着自己的雄心壮志。

这个目标就是取得物理学学士学位。可是对于自己来说，这个愿望可能有些异想天开。自己连法语都没有完全掌握，还想取得物理学学士，是不是有些不自量力？当然，考试还需要缴纳报考费……所以，对于这个愿望，玛丽只向少数几个人提起过。

斯克沃多夫斯基在收到布罗尼雅寄来的信之后，才知道了这件事，他在1893年3月写了回信：

"……前些天在你的来信中，才知道玛妮雅要参加学士称号的考试。之前写信问她，这孩子也没有告诉我。这个考试在什么时候举行？

什么时候能知道她是否通过了？考试报名费和合格证书需要交多少钱？在给玛妮雅汇款之前，我得事先安排一下，我需要调整我的个人计划。”

父亲是教育家出身，年轻时也曾追求过科研者之梦，所以很能理解一心向学的小女儿的愿望。从布罗尼雅那里得知情况之后，父亲决心成为玛丽坚强的后盾，支持她去挑战学士学位考试。

1893 年 7 月，玛丽物理学学士考试的时间终于到了。作为 30 名考生中的一员，玛丽来到考场开始作答。

不久，在大学课堂上，考试结果公布出来了，每名合格者都被逐一念到名字。

究竟会不会念到自己的名字呢？如果没念到，该怎么办？可能自己已经无法筹出重新报名参加考试的费用了。

玛丽和同学们都紧张地等待着。这时，考官出现了，手里拿着合格者的名单。

“玛丽·斯克沃多夫斯卡。”

最先被念到的，就是玛丽的名字。念名字的顺序，也是成绩排名的顺序。也就是说，玛丽在所有参加考试的学生中，以第一名的成绩通过了学士考试。

在巴黎大学的第三年

暑假里，玛丽带着这个好消息，回到了祖国波兰，回到了父亲的身边。可是，玛丽同时也有一个烦恼。

当初目标是两年毕业，可现在物理学学士考试合格了，玛丽又对新的挑战跃跃欲试。这一次，她想考取数学学士。当然，玛丽并不是单纯地为了获得数学学士这个称号，她是无法抑制自己的欲望，想在巴黎大学这座神圣的知识殿堂里学到更多的东西。

可是，这存在着一个大问题。

在巴黎的这两年，自己几乎都是在阁楼小屋里尽量节衣缩食地生活，即使这么节约，也还是基本花光了当初去法国之前积攒下的积蓄。如果只靠父亲那为数不多的汇款，恐怕无法支撑自己在巴黎的学习。

可能再也回不去巴黎了。正当玛丽想要放弃的时候，眼前出现了一双双援助之手。

此时，朋友们伸出了援助之手，帮助玛丽申请到了专门为优秀学生设立的“亚历山德罗维奇奖学金”。奖金有600卢布，足够玛丽在巴黎生活一年以上。这可是玛丽连想都不敢想的好事。

那一年秋天，临近返回巴黎之际，玛丽给

哥哥约瑟夫写了一封信。

“……我已经租到房子了。（中间部分略）与去年的房子相比，现在这间房子简直像宫殿一样。租金每年180法郎，比父亲说的那间房子还要便宜60法郎。

“也许不必和哥哥说这些，不过能够再次回到巴黎，我真的非常非常开心。又一次要与父亲分离，我心里十分难过，但是看他身体很好，很有精神，即使我不在他身边，应该也没有关系——这多亏了哥哥也住在华沙。我这样做也是赌上了我的全部……幸好哥哥能够照顾父亲，我心里才不会感到愧疚不安，才能够一直留在巴黎。

“为了作好听课的准备，我现在正在集中学习数学。有几名法国同学正在准备我刚刚通过的那个考试。今后每周3次，我得利用上午的时间为他们进行个人辅导。”

玛丽获得的亚历山德罗维奇奖学金并不是贷款性质、需要返还的那种，而是直接发放给学生使用、不需要偿还的奖学金。

再过一些时日，玛丽还是会因为生活费、研究费不够用而发愁，即便这样，玛丽还是主动要求偿还奖学金。她接受了一些委托研究，虽然报酬不多，但凭借自己的努力一点点攒下了积蓄，这令奖学基金的办事员十分震惊。

也许，正因为玛丽亲身经历过渴望上学又无力支付学费的艰辛，她才有强烈的意愿去偿还奖学金，哪怕能够多帮助一名学生。

与皮埃尔·居里相遇

玛丽获得了奖学金，可以延长在大学的学习时间，虽说可以缓口气了，但是玛丽的学生生活还算不上富裕。一天，有一个难得的机会降临到了玛丽的身上。

法国工业振兴协会很看好这位既热心又才华横溢的波兰留学生，委托她调查研究各种钢铁的磁性特征。这是一份需要专业知识和技术的特殊兼职，不仅在经济上能够有所收入，还能做自己喜欢的实验，这份兼职对玛丽来说真是一件“完美的差事”。

“当然没问题，交给我吧。”玛丽连声回答，赶紧接下了这份兼职。可是，她也有一个不好解决的问题。

现在，玛丽所在的李普曼教授的实验室已经摆满了各种各样的器材，没有空间再摆放这份兼职必需的新的实验器材，也没有做实验的空间了。

帮玛丽出主意的是德国弗莱堡大学的科瓦尔斯基教授。他是物理学者，同样也在波兰出生，与玛丽是老乡。科瓦尔斯基教授刚刚结婚不久，新婚妻子是玛丽的老朋友，夫妻二人去法国新婚旅行时联系了玛丽。

玛丽提起了正在为实验场所发愁的事，科瓦尔斯基随后给出了建议。

“这样的话，我正好知道一个合适的人选，他在巴黎工作，是一名非常优秀的科学家。他也许会为你提供场地。我邀请他来我们的住处，一起聊聊天，介绍你们相互认识一下。”

科瓦尔斯基教授所说的“优秀的科学家”，正是皮埃尔·居里。

这是发生在1894年初的事情。与未来丈夫的初次相遇，玛丽在后来这样描述：

“我进入房间时，皮埃尔·居里正面向阳台，在玻璃门边站着，他的年龄大概35岁左右，看起来很年轻。

“他高高的个子，眼里透着一丝清澈，在这

样一个温馨浪漫的气氛中，我的心不由得被吸引了。他边思考边娓娓道来，态度很诚恳，表情认真，笑容里洋溢着青春的朝气，我不禁对他产生了信赖感。很快，我们开始交谈起来，感觉两个人的距离亲近了许多。聊天的内容是探讨关于科学的问题，与他交流意见，我感到十分开心。”

说实话，玛丽在失恋之后，认为自己与恋爱、结婚等事无缘，已经决定放弃了。这段时间，她所有的热情都倾注到学习上。日子过得不富裕，但她每天往返于学校和住处之间的两点一线，忙碌而充实。在这种状态下，无论是时间上还是经济上，她都无力再对其他事情投入过多。而且，她心意已决，学成之后就会返回祖国。

皮埃尔·居里的情况也有些类似。

他已经完成几项新发明了，是一名前途光

明的科学研究者。到目前为止，他还没有与哪位女孩有过深入交往。他将全部心血和好奇心都付诸科学，一心努力进行研究，基本没有哪位女孩能对他的行为表示理解和关心。

皮埃尔认为，对于“生活和爱”，女孩子一定远远比自己倾注更多热情。如果恋爱，她一定想独自占有恋人。当然，恋爱、结婚是很自然的事，可是“我所期望的事、我想做的工作一定会与她所期望的相冲突。到头来，她还是会成为我的阻碍”。

皮埃尔的劝说

两个人原本都以为他们注定与恋爱、结婚无缘。

两个人以前都认为，既然已经为“科学”

这项探索、解析神秘世界的事业献身，那么就注定不会与普通的男士、普通的女士恋爱了。

可是，他们竟然发现了超越男女关系、发自内心地对科学研究感兴趣的彼此，真是连他们自己都没有预料到。

特别是皮埃尔，他开始主动接近玛丽。

玛丽也深深地被皮埃尔吸引了。同时，她心中充满了使命感，期盼早日学成归国。祖国还在遭受俄国强权政治的统治，为了有朝一日能够奋起反击，她想学以致用，将知识在祖国传播。并且，一直供自己上学读书的父亲年事已高，她想在父亲身边尽些孝道。这个想法在玛丽心中占据着重要的位置。

1894 年夏天，玛丽通过了数学学士考试。这次，她以第二名的好成绩通过了考试。

在接下来的暑假里，玛丽没有对皮埃尔作出一定回来的约定便返回了祖国，但她心里还是想再次回到法国继续进行研究，她还想与好不容易走到一起的皮埃尔、这位不可代替的“战友”继续并肩作战。

虽然她这么想，但心里很难割舍下对祖国波兰的挂念。

玛丽难以下定决心，这段时间她几乎每天都会收到身在法国的皮埃尔寄来的信。在信中，皮埃尔迫切地期盼玛丽回到法国，回到自己身边一起开展研究。

10 月，玛丽回到了巴黎。她因皮埃尔的劝说心生羁绊，但她决定“这是在巴黎大学的最后一年”。不过，皮埃尔还在继续劝说玛丽。最后，他竟然说自己也可以移居到波兰。

皮埃尔在寄给玛丽的信中曾经提到，人有很多种梦想，有对祖国抱有的梦想、对人道主义抱有的梦想以及对科学抱有的梦想。可是，前两者并不仅是靠个人的努力就能改变的，个人也不一定能真正作出什么贡献。只有“对科学抱有的梦想”是确确实实可以凭借个人努力而向前推动的。难道你不想为了实现科学之梦而将自己作为筹码赌上一把吗？

面对皮埃尔发自内心的劝说，玛丽心悦诚服，她承诺要与皮埃尔走入婚姻的殿堂。

1895 年 7 月，玛丽在寄给她中学时代的好友卡嘉的信中写下了如下内容：

“当你读到这封信的时候，你从前的玛妮雅已经改了姓氏。去年在华沙，我和你提到过一位男士，我和他已经结婚了。（中间部分略）

“这一切都是刚刚决定的。这一切发生得太快了，我还没来得及给你写信。在这一年里，我曾经很烦恼，不知该如何是好。终于，我决定在这边结婚了，这样就安稳下来了。以后，我会在新的住址给你写信。

“罗蒙路 42 号地 物理化学学校内 居里

夫人

“这是我的新名字。我的丈夫是这所学校的教授。明年我想带他回一次波兰，让他了解一下我的祖国。”

第三章

贫困而充实的生活与“蓝色之光”

科学家夫妇的新婚生活

1895 年 7 月末，玛丽和皮埃尔举办了结婚典礼。

婚礼当天，玛丽的着装是浅蓝色条纹的女士衬衫和深蓝色女士西服套装。为玛丽制作服装的是姐夫德伍斯基的母亲，之所以没有制作婚纱，是因为玛丽对她提出了一个普通新娘根本不会提出的、意想不到的要求，“我希望您帮我制作的婚礼服装并不是在婚礼上穿一次就不用了，而是以后在实验室里也能穿”。

婚礼上并没有华丽的演出，来参加婚礼的全都是关系要好的亲友们。当然，父亲斯克沃多夫斯基先生和姐姐海拉也特意从波兰赶来了。

结婚典礼之后，两个人骑着崭新的自行车，在法兰西岛附近转了一大圈。两个人随心所欲地一边闲逛一边领略美好风光，累了就在森林、原野中休息一会儿。这是两个人新颖独特的新婚旅行。

丈夫皮埃尔在物理化学学校担任教授，妻子玛丽在单身时期就一直开展钢铁磁性的研究，同时也一直努力准备教授资格考试（大学教师资格会考）。与此同时，玛丽还决心做一名好主妇。

玛丽做事的信条是无论做什么事情都要全心全意。玛丽从未想过不做科学家而去做家庭主妇，也从未想过不尽家庭主妇应尽的责任。住处是累了回去睡觉的地方，没有像样的家具，也不好好做饭，其实本来就不会做饭——玛丽已经告别了这样的学生时代。

玛丽思考着怎样充分利用皮埃尔并不算丰

厚的收入，于是开始对家庭收支进行记账。玛丽赔上科学家的名誉，也要果敢地挑战一下做饭。只不过，玛丽做饭的记录本上清清楚楚地记录了食材的重量、体积等数值以及正确的煮沸时间，怎么看都像是化学实验记录。

1896 年 8 月，玛丽以第一名的成绩通过了中高等教育教授资格考试。

她不再是家庭教师和非法私塾的教师了。她获得了法国正规学校的教授资格。

可是，她还不能马上就去学校当老师，因为她怀孕了。

刚刚怀孕时，她还因孕吐而烦恼；进入稳定期之后，她便待不住了，经常出去旅行。即使是预产期临近的时候，她还鲁莽地试着要骑自行车去旅行。后来，她才知道这样做并不妥当，于是就不再逞强了。还好没有影响到肚子里的孩子。1897 年 9 月 12 日，玛丽生下了一个健康的女宝宝，取名为伊蕾娜。

玛丽给故乡的父亲写了一封信：

“我一直给我家的‘小女王’喂母乳，不过最近我和皮埃尔有些担心，也许不能一直给孩子喂母乳了。孩子的气色很难看，无精打采的。但是这几天，情况好了许多。如果接下来体重还能顺利增长的话，我打算还给孩子喂母乳，如果情况依然不好的话，我打算雇一名奶妈来喂孩子。虽然我想亲自喂孩子，也心疼花钱雇人，但是为了孩子的成长，怎么做都值得。”

结果，玛丽只能放弃母乳喂养，但是在其他事情上——换尿布、洗澡等照顾孩子方面，她又开始挑战新的“未知领域”。同时，她以很早以前就开始研究的钢铁磁性为主题，写下了第一篇论文，并发表在《法国工业振兴协会报》上。这仿佛是在宣告她要同时兼顾母亲和学者两种身份。

当然，两者兼顾是一件很难的事情。伊蕾娜发烧时必须有人在身边照顾，反过来，烦琐的科学实验又需要投入大量的时间和精力。

这时，可以信赖的人是皮埃尔的父亲，尤金·居里医生。伊蕾娜出生时，老居里医生也在场，在这之后他也积极地帮忙照顾孩子。伊蕾娜出生不久，老居里医生的妻子就去世了，他的生活变得很孤独。后来，皮埃尔和玛丽搬到一起住的时候，老居里医生也搬了过来，结果伊蕾娜就彻底变成了“在爷爷关怀下长大的孩子”。

新的挑战

在巴黎大学取得物理学学士和数学学士两个学位、取得教授资格、首次发表论文，自从到法国留学以来，玛丽一次又一次地向更高的目标发起挑战，并且成功地实现了目标。

在通过教师资格证考试之后，玛丽想去合适的学校工作，这样也能有些收入。但是，单纯地作为一名科学研究者继续开展研究是玛丽的愿望。玛丽设定的具体目标是取得博士学位。

那么，博士论文应该选取什么题目呢？玛丽并不喜欢翻出那些陈旧的题目来研究，她觉得那就像是手上的污渍一样。如果可能的话，她想找一个至今很少有人接触的新题目，开辟一片新领域。玛丽与皮埃尔商量着，挑选了许多物理学方面的新研究项目一起来探讨。

在众多研究项目中，让居里夫妇眼前一亮的内容有：几年前德国物理学家威廉·康拉德·伦琴发现的“X 射线”这种不可思议的电磁波，还有法国学者亨利·庞加莱、亨利·贝克勒尔的研究。特别是巴黎理工科学校（巴黎综合理工大学）的物理学教授亨利·贝克勒尔的研究内容。

自然界是否有物质受到刺激后会发出像X射线那样不可思议的电磁波，这是贝克勒尔研究的开端。不久之后，贝克勒尔遇到了意料之外的事情——当他用铀化合物试样做实验时，和预想的不同，他发现“当受到阳光照射时，即使没有其他的外界刺激，试样也会发出不可思议的光线”。这一点，用现有的物理学原理难以解释得通。

人们多关注于可以透过肉体清晰地照出骨骼和金属的X射线，而贝克勒尔的研究并没有引起人们的太多注意。可是，这种能量到底从何而来呢？科学家们十分关注这种现象。贝克勒尔的研究只是初现端倪，在此之后，还没有人进一步作出深入研究。玛丽确信，正因如此，这才是值得研究的题目。

此时的玛丽是否考虑过将这个题目作为一生的研究对象，我们不得而知。但是，这个“有趣的博士论文题目”最终决定了玛丽的人生。

命名为“放射能”

开展这项新研究需要有实验室。皮埃尔与物理化学学校的校长协调后，终于获得了一处闲置旧房的使用权。

只不过，这里像是陈旧的库房，冬天更是冷得让人受不了！此外湿度、灰尘以及湿度上的剧烈变化也不适合实验仪器的运转。即便这样，这里仍然是居里夫妇好不容易才争取到的“专用城堡”。

玛丽尽量注意排除这些不利影响，开始对铀化合物进行实验。在进行实验时，发挥作用的是以前皮埃尔和哥哥雅克共同开发的一种叫作“压电石英静电计”的装置，这种装置可以测定出十分微小的电量。铀盐产生的力量可以使周围的空气带电。也就是说，如果这项测定成立的话，反过来，也可以利用这项测定来发现、区分铀盐及其相似物质。这种不可思议的能量放射，在铀盐以外的其他物质上能否观察到呢？如果使用压电石英静电计，即使在微量的试样中也可以准确地找到这些物质——这是玛丽想出的策略。

这个策略成功了。

探索了几周之后，玛丽彻底查明了钍化合物、铀化合物有着同样的能量。可惜的是，一个月之前，德国科学家已经发现了这一点，并且已经对外公开发表。不过，玛丽并没有垂头丧气，因为这件事至少证明了自己的方法论是正确的。

玛丽一个接一个地对各种化合物试样进行测试，在这个过程中，她把这种神奇的能量放射现象取名为“放射能”。同时，她将产生这些现象的物质（元素）叫作“放射性物质”（放射性元素）。

发现钋和镭

玛丽对学校里的矿物质试样逐一进行测试。当然，含有铀和钍的试样显示出了很高的数值。

可是，等等！

这次测定的数值比已知的铀和钍的数值要高出许多。难道是仪器发生故障了，还是测定出现了误差？

反复测试了几次，结果证明数值本身没有错误。那么，原因究竟是什么呢？

能想到的答案只有一个。那就是，这种物质里不仅含有铀和钍，还含有更强力的、其他种类的放射性物质。

可是，至今为止，玛丽几乎已经测定过所有元素了。那么，得出的答案只有一个——这种物质里含有新的、未知的元素！

1898 年 4 月，玛丽对外发表她有可能发现了一种新元素的存在，这种新元素含有强力的放射能。铀矿石、沥青铀矿（柏油铀矿）与铜铀云母（磷酸铜和磷酸铀酰）比铀自身显示出了更高的放射能数值，因此说明这些矿石中可能含有比铀更强力的放射性物质。这是玛丽在这个领域取得伟大成就迈出的第一步。

这项研究成果的取得远远超出了当初的预想。

丈夫皮埃尔一边支持协助玛丽的研究，一边专心于自己的研究题目。

同年 7 月，玛丽与丈夫皮埃尔联名发表论文《论沥青铀矿中一种放射性新物质》。居里夫妇将这种新物质命名为“钋”。这样命名是为了纪念在俄国统治下的玛丽的祖国波兰——命名是发现新元素的科学家的权利，俄国也无法多说什么，两人对此感到很骄傲；这篇论文在波兰也得到了发表。

可是，在此之前，关于沥青铀矿的构成元素，科学界已经有过很多分析，它的组成元素已经被测定研究过了。但是，发出“超强放射能”的新元素在以往的研究中丝毫没有被发现。另外，虽然分量极少，但是能发出这么强的放射能，说明它比铀、钍等已知的放射性物质拥有更强大的力量。

为了探明真相，居里夫妇开始了深入研究。他们把沥青铀矿粉碎成粉末，做成像“汤”一样的液体，再从中除去已知的物质。他们发现，剩余的物质散发出了远超之前的高放射能。重复几次之后，这种物质的纯度变得更高了。当然，每次这样操作后，试样的分量就会变得更小。

通过实验新的事实又浮出水面。

含有高放射能的元素，不仅仅是钋，还有更加强力的“另一种元素”。

1898 年 12 月，居里夫妇与共同研究者贝蒙特联合发表了论文《论沥青铀矿中含有一种放射性很强的新物质》。被预测存在的第二种新元素叫作“镭”，是“发出放射线”的意思。

伟大的分工

这是两种全新的元素，它们拥有迄今为止没有被发现的性质！

不过，目前的实验仅证明了有这两种元素

的存在，实际上还没有人见过这两种元素。居里夫妇打算试着对该元素进行分离。

还有一个大问题，怎样才能拿到足够量的实验材料呢。不论用什么方法，除了发现放射线之外，很难发现有什么新的物质，可见在矿石中，这种新物质的含量微乎其微。

如果要积攒到“肉眼能看到的大小”，才能提取出这种元素的话，这得需要多少矿石呀？莫非需要将整个矿山都买下来，分量才足够？

怎样筹措这么多的费用，这也是一个问题。丈夫皮埃尔对职位升迁之事从不上心，虽然工作业绩很优秀，但是并没有得到相应的地位。他和哥哥雅克年纪轻轻就取得了学士学位，但是对继续进修深造毫无兴趣，只是专注于做各种实验，非常喜欢进行实际的“动手操作”，至于出人头地，他们一点儿兴趣都没有。也正因为如此，他们的薪水并不是很高。在当时的法国，虽然有过先例，对“已经攻克的有价值的研究”会给予奖金，但是尚未对一些“有发展潜力的科学研究进行资助”，而这恰恰是推动科学技术发展不可或缺的基础之一。

但是，研究材料的调配问题十分意外且轻而易举地得到了解决。当时，欧洲最大的铀矿山在波西米亚地区（现在的捷克）的圣约阿希姆斯塔尔一带。现如今，铀作为提取核能的资源广为人知，但在当时，铀的主要用途是作为玻璃染色的颜料。

从矿山挖出沥青铀矿、提取铀盐之后，残留下的矿渣——也就是矿石提炼后剩下的渣滓别无他用，只能被处理掉。可是在居里夫妇看来，这些提取出来的铀盐中，钋和镭的浓度有所上升（虽然只是微量），这些材料堪称贵重的试样。

当时统辖波西米亚的奥地利政府与矿山拥有方进行交涉，用低廉的价格购入了几吨沥青铀矿。矿山方认为正好有人能够主动把自己需要花费成本才能处理的渣滓处理掉，也觉得很满意。

虽然沥青铀矿的价格低廉，从波西米亚到巴黎的铁路运输费却成了居里夫妇的负担。要想运输大量矿渣，就必须要安排相应数量的货车。

此外，在哪里才能对这些材料进行提纯呢？居里夫妇想了很多办法，他们想找一个能够进行大规模作业的场地，却很难找到合适的地方。最终，还是在熟悉的物理化学学校里，再次经校长推荐，居里夫妇在以前实验室的对面借用了一栋玻璃结构的小屋。这是个闲置已久的破屋子，既漏雨又漏风。即便这样，居里夫妇还是很满意，马上就在这里做起了实验。

做实验时，夫妇二人按照各自擅长的领域进行分工。丈夫皮埃尔负责研究新物质的特性，妻子玛丽则要在大量的沥青铀矿中分离出高纯度的“目标物质”。这个目标逐渐聚焦到了“镭的分离”上；而钋是不稳定元素，在精炼方面十分费事。

“它究竟会是什么样子呢？”

“不知道。可是，如果它的颜色很美就更好了……”

为生计而奋战

居里夫妇的实验操作充满了困难。

他们发现的新物质，其实在试样中的含量比想象中的比例还要小很多（但放射能很强），实验的时间比预想的还要长。经过努力，夫妇二人把相关的新发现写成多篇论文并进行发表。

当时，皮埃尔的月薪是500法郎，刚刚够维持生活，可还要从每个月的工资中拿出一部分来补充研究费的缺口。而且，为了挣得这500

法郎，他还不得不压缩做实验的时间，去物理化学学校讲课。

1898 年，巴黎大学空出了一个物理化学教授的职位，这个职位比现有的待遇要好得多。想获得这个职位的皮埃尔尝到了失败的滋味。虽然他已通过了学士考试，可是到目前为止，他的学识或是自学的，或是当助手时从教授那里学到的。皮埃尔并没有上过诸如高等师范学校（师范院校）、理工科学校（巴黎综合理工大学）等正规的学校，在学阀中也没有人脉，受到了“没有学历”的质疑。最终，皮埃尔并没有获得这个职位。

一时间，家里的花销已经周转不开了，好在事情后来出现了转机。皮埃尔获得了理工科学校负责指导学生复习的讲师职位，后来又成了巴黎大学附属医学部科学预备讲座的讲师。这时，他收到了来自瑞士日内瓦大学的招聘邀请，可以获得月薪 1 万法郎的破格待遇。皮埃尔挣钱本来就是想把中断的有关镭方面的研究再持续推进下去，所以他很遗憾地拒绝了日内瓦大学的邀请。

这时，玛丽开始在赛福尔女子高等师范学校任教，虽然比不上在巴黎大学任教，可夫妇二人也都有了相应的职位，生活终于能够维持下去了。

深深的悲伤与蓝色之光

居里夫妇从事着世界上最前端的研究，研究室却是一间破破烂烂的小房间。两人为了维持生计而不断奔波操劳。他们不断地进行实验研究，却丝毫看不到研究成果。在这场看不到希望的战争中，他们最终取得了胜利。1902 年，他们终于成功提炼出了镭盐。

有一天晚上，玛丽向没有点灯的实验室里看去，发现培养皿和其他小容器中高纯度的试样竟然发出了梦幻般的蓝色之光，她赶紧叫丈夫过来。以前，他们就曾发出过镭“要是看起来很美，该多好啊”的感叹，事实上，镭比他们想象的还要美。

可是，此时玛丽遭受了巨大的伤痛。

1902 年 5 月，远在波兰居住的父亲斯克沃多夫斯基先生去世了。父亲查出患有胆囊方面的疾病，当初告诉玛丽手术很顺利。可在这之后，病情急剧恶化。玛丽收到了父亲病危的电报，当她赶到华沙的哥哥家时，父亲已经撒手人寰了。

玛丽本来打算在法国取得学位之后马上回到祖国，与父亲一起生活并好好照顾他。不过，斯克沃多夫斯基先生的内心一定不会感到遗憾。

小女儿从事着世界上最尖端的研究，发表了喜人的研究成果，斯克沃多夫斯基先生因此感到十分自豪。

“终于精炼出了纯镭盐！想一想为此付出的心血，镭元素在众多化学元素中，一定是价值最高的。只不过遗憾的是，这项工作还仅仅停留在理论层面。”

在去世的 6 天前，他给女儿玛丽寄出了这封信。

居里夫妇正式发布成功分离 1 克镭盐的消息，是在两个月之后的 1902 年 7 月。

科学家的骄傲

经历了苦难之后，居里夫妇取得了巨大的成功。可是，他们的生活并未因此而好转，艰辛还在继续。皮埃尔再一次错失了在巴黎大学任教的机会。他听从别人的建议，通过投票竞选加入法国科学学会，却以 3 票之差输给了对手。皮埃尔原本就认为，在研究工作之外宣扬自己、获取人们的关注并不是什么光彩的事情，可他仍然听从了建议，拜访了众多科学学会的会员，结果还是落选了。皮埃尔对此十分反感。

生活与科学研究的艰苦让玛丽瘦了许多。有朋友在学会上遇到了许久未见的玛丽后写信给皮埃尔，劝他“要更加注意玛丽的身体健康”。

1903 年，玛丽怀上了第二个孩子，却因为过度劳累流产了。她深深地自责，可后悔也于事无补。

而这时，皮埃尔的老毛病风湿症加重了。他疼得睡不着觉，有时一整晚都在呻吟中度过。

小女儿艾芙所写的传记中记载，皮埃尔向居里夫人说过这样的话：

“我们选择的人生，真艰难啊。”

同时，他也说了下面的话：

“不管怎样，即使还剩下最后一口气，也要将研究继续做下去。”

就在这样的艰苦生活中，居里夫妇发表了许多优秀的论文。从1899年到1904年的5年间，居里夫妇参与研究发表的论文多达32篇。正是因为居里夫妇呕心沥血、废寝忘食地投身于科学研究，才获得了如此骄人的成绩。

1903年6月，玛丽发表《关于放射性物质的研究》的论文，在巴黎大学获得了物理学博士学位。

居里夫妇发现并成功精炼出了镭，指出镭与诸多大产业可以结合；医疗领域也探讨了利用镭的可能性，同时产业化精炼镭的工厂也正在筹备中。

如果居里夫妇对镭的发现及对镭的精炼

法申请专利许可的话，他们将会一跃成为大富豪。可是，居里夫妇选择无偿把研究成果和内容公之于众。“应该让全人类共享科学进步的成果”——在这一点上，夫妇二人想法也出奇一致。当然，如果能够正确评价他们的研究，对他们提供资金帮助，夫妇二人也会真诚地接受。皮埃尔想要就职成为巴黎大学的教授，也不仅仅是因为工资，而是希望得到世人对自己正确的评价。

夫妇二人心中作为科学家的自豪感，并不允许他们将研究成果直接转化成经济利益。

首次获得诺贝尔奖

因为居里夫妇为科学发展带来了巨大的贡献，法国政府和学会也向他们颁发了一些奖项。

但从整体来看，态度有些冷漠。与此同时，夫妇二人在海外的名声日渐高涨。

1903 年，英国皇家学院邀请居里夫妇前去演讲，表明了这个国家对夫妇二人的高度认可。皇家学院是英国一所研究、教育机构，其成立的目的是在工业革命后推动科学技术的广泛应用。

1903 年末，瑞典斯德哥尔摩发来了一条消息。消息称，居里夫妇与亨利·贝克勒尔共同荣获 1903 年第 3 届诺贝尔物理学奖。

由于身体不适、事务繁忙等原因，皮埃尔和玛丽并没有出席当时的授奖仪式。1905 年 6 月，居里夫妇终于访问了斯德哥尔摩并进行了等待了数年的“授奖纪念演讲”。

奖台上的皮埃尔这样讲道：

“……如果被不法分子获取，镭将变成非常危险的东西。对于这一点，我们不禁自问，探究广袤大自然的秘密，对人类来说是好事吗？人类已经成熟到可以灵活应用这些元素了吗？诺贝尔的发现就是一个很好的例子。正因为有了强力的炸药，人类才能顺利地开展土木工程建设；可是，炸药如果落入了图谋不轨的人的手中，就成了具有极大威力的破坏工具。

"我和诺贝尔一样，都相信人类的新发现会更多地应用到好的方面，而不是坏的方面。"

随着名声不断高涨，1905 年，法国科学学会终于向皮埃尔敞开了大门。同年，经历了种种波折，巴黎大学终于为皮埃尔安排了教授的职位，同时决定出资 3.4 万法郎作为筹备实验室的"设备费"（实际上，这些金额并不足以购买所有必要的材料）。

在这前后，玛丽被巴黎大学正式授予了在丈夫皮埃尔的讲座上担任"实验主任"的头衔。两人在研究中承担了同等重要的任务，共同推进工作。想到这些，玛丽不禁觉得这个头衔有点奇怪，不过这保证了她可以和皮埃尔一样进出实验室，她心里还是很高兴的。

第四章

陷入流言风波
与获得高度评价

突然的离别

正如前文所述，发现镭的前后，皮埃尔因重度风湿症而痛苦不已。诺贝尔物理学奖授奖仪式的纪念演讲推迟了一年半，不仅仅是因为玛丽生病、学校有事，皮埃尔身体不适也是原因之一。

开创放射性物质的最尖端研究本身具有危险性，他们却全然不顾。玛丽晚年因为放射线损伤而饱受各种病痛的折磨；实际上，皮埃尔比玛丽先遭受了放射线损伤，其身体不适的情况更加严重。

不顾自己的健康而投身于科学研究，积劳

成疾，在这一点上，夫妇二人很相似。一旦沉浸于思考，就会排除周遭一切杂念，在这一点上，二人也很相似。

也许正是这些纷乱复杂的原因，在命运面前，皮埃尔的脚下“打了个趔趄”。

1906 年 4 月 19 日，星期四。

阴雨不断的早晨，皮埃尔要参加在丹墩大街的学会会馆举办的巴黎大学理学部教授午餐会，顺便交流科研信息。

下午两点多，皮埃尔离开聚会的地方，要赶往塞纳河畔著名的（新桥附近的）戈蒂埃·维拉尔出版社。他的论文集正在制作中，他打算核对校正并加入订正内容。可是这一天，戈蒂埃·维拉尔出版社在进行罢工，大门紧闭，无法进入。皮埃尔决定前往下一个目的地——学会。

在雨中，皮埃尔正要穿过多芬大街的马路。当他从揽客马车的后方快步走向马路对面时，恰巧有另一辆马车飞快地驶了过来。

马车眼看就要撞向皮埃尔了。此时，马受了惊，用后腿站立起来并紧急停下，而皮埃尔踉跄了一下，鞋底在地上一滑摔倒了。周围的人大声叫了起来，马车车夫慌忙收紧缰绳，可马车无法立即停下，马车的左后轮从皮埃尔的头上碾过，皮埃尔当场死亡。

有人报了警，皮埃尔的遗体被运往附近的警察局。警方检查之后，发现这场不幸事故中的遇难者竟然是鼎鼎有名的科学家，于是联系了巴黎大学的理学部。

噩耗传到位于凯勒曼大街的居里家时，只有皮埃尔的老父亲尤金·居里医生一个人在家。为了告知事故而来到居里家的是巴黎大学理学部部长鲍尔·阿贝尔和同为教授的让·佩兰。老居里医生看到两人沉痛的表情，便知道出了大事。在两位学者还没有开口之前，老居里医生主动开口了：

“……我的儿子，遭遇不幸了吧？”

那时，玛丽带着女儿们出去了，等她回到家时已经是晚上 6 点了。当玛丽从理学部部长鲍尔·阿贝尔那里得知这个残酷的事实时，她哭不出来，也叫不出来，只是呆呆地站在那里。

怅然若失的日子

玛丽悲痛欲绝，感觉天都要塌下来了。

遇难当晚，皮埃尔的遗体被运了回来。玛丽只是站在遗体旁，牵起皮埃尔因镭烫伤而留下疤痕的手，不停地亲吻着。

第二天，皮埃尔的哥哥雅克赶来了，玛丽哭了一会儿，之后像丢了魂儿似的在家中恍恍惚惚地走来走去。

第三天，玛丽把满腔悲痛倾泻在了笔记本上。她一字一句地在笔记本上书写，仿佛把眼泪和叫喊声不留缝隙地直接涂抹在了笔记本上。

“……皮埃尔，我的皮埃尔，你就在那里。头上缠着绷带，就像只是受了伤，正在睡觉休息。你的表情安详平和，眼前还是你，你却停留在了一场永远都无法醒来的梦境中。（中间部分略）

“周六的早晨，我们将你安放在棺材中。在抬起你的时候，我托着你的头。大家最后一次亲吻你变得冰冷的脸。我将庭院里的蔓长春花和一张我的照片放入棺材，当年你曾说我‘真是个聪明可爱的女学生’，一定会好好对我。照片上是你喜欢的人，照片上是当年虽然只见过几次面可你毫不犹豫要与之共度今生的人。你常说要珍惜当下，不念过往，不畏将来。亲爱的皮埃尔，你并没有错。我们出生就是为了生活，我们也正是因此而永结同心。

“当你的棺材盖上盖子的那一刻，我再也见不到你了。我不想让黑布蒙上你的棺材。（中间部分略）

“我们把你带到了葬礼现场，看着你被放入了深深的地穴中。我缓过神来，发现旁边已经排起了恼人的长队。别人劝我离开这儿，我没有听。我和雅克都想陪你到葬礼的最后一刻。土埋进了墓里，几捧花束放在了墓旁，一切都结束了。你将在地下长眠。这一切都结束了。一切、一切……

“……葬礼的第二天，我对去了佩兰家的伊蕾娜说出了发生的这一切……一开始，这孩子什么都不知道，我起身要走时，什么也没有说。后来，她竟然哭了起来，可能是在说想见我们吧。回家后，我大哭了一场，为了忘记眼前的事情，我又到朋友那里去了。他们没有问详细

的事情，我也怕提起孩子的父亲。（中间部分略）

“约瑟夫和布罗尼雅来了，两个人都很体贴。伊蕾娜和大人们在一起玩儿，艾芙还什么都不懂，心情愉快地在家里走来走去，边玩儿边笑。大家正在聊天，我还在想着你。

“……你去世后的下一个星期日，皮埃尔，我和雅克去了实验室。我们想分别对一些研究图表作出测定，可是一直工作不下去。

“我们无精打采地走在路上，好像被施了催眠术。我没有死的想法，连自杀的想法都没有。可是如果这样一直走下去的话，是否会飞奔过来一辆马车，让我与最爱的人命运相同呢？”

哥哥约瑟夫和姐姐布罗尼雅从波兰赶来参加了葬礼。他们在巴黎停留了一段时间。在布罗尼雅回国之前，玛丽拜托她一件事，两人将皮埃尔遇难当天穿的衣服剪掉放进暖炉里烧掉了。之后玛丽趴在姐姐的怀里哭了起来。

巴黎大学的首位女性教授

玛丽被悲伤打败了，无论谁问她什么，她都只是回答“还没有想呢”，而这时，许多事情都有了进展。

皮埃尔·居里尚未完成的实验怎么样了？他在大学要讲的课程又该如何是好？

“当然，除了玛丽·居里，再没有其他合适的人选来接替皮埃尔的工作了。原本，皮埃尔就是和玛丽一起携手共同进行研究的。不仅能处理皮埃尔研究室里的事情，就连他在大学所讲的课程，能够代替皮埃尔而又不逊色于他的人，全法国范围内，也就只有玛丽了。”

皮埃尔的好朋友——科学家乔治·顾伊和皮埃尔的哥哥雅克向大学强烈推荐了玛丽；理学部部长鲍尔·阿贝尔、皮埃尔的同僚让·佩兰也深表赞同。

皮埃尔去世两周后，玛丽被任命为巴黎大学的讲师，继续讲授皮埃尔生前的课程。她不仅仅是巴黎大学首位女性大学讲师，也是法国首位女性大学教师。

可是，即使接到了通知，玛丽也只是漫不经心地听一听而已。自从最爱的丈夫去世，在这个不停运转的世界上，她无法说服自己去承担一些必须要做的任务了。

玛丽在日记中写下如下内容：

“心爱的皮埃尔，别人通知我接替你的职位。让我继续教授你以前的课程，继续做你实验室的主任。我不知道这是好事还是坏事。你经常对我说‘我希望你也到巴黎大学来讲课’。对我来说，我想努力把研究继续做下去，这也是最适合我的生活方式，我觉得总会有办法让我在这条路上前行。”

玛丽之所以能够站在巴黎大学的讲台上，

能够成为大学附属研究室的负责人，是因为她具备足够的实力，对于这一点，大学也非常认可。可是，如果没有发生皮埃尔不幸遇难这件事，玛丽会不会得到这个机会呢？我们不得而知。即使女性教师、女性教授的诞生是时代所趋，可也许这个人并不是玛丽，可能是未来时代里的某一个人。

玛丽接受了这份工作。

“无论今后发生什么，都要把研究继续做下去。”也许是皮埃尔生前的这句话，给了玛丽继续努力的勇气。

11 月 5 日，星期一，新学期来临，玛丽终于站在了巴黎大学理学部的讲台上。

她是诺贝尔奖的获得者，也是历史悠久的巴黎大学成立以来，首位站在讲台上的女性。在玛丽的课堂上，除了新闻记者、学生以外，还有很多其他听众，他们不仅仅想听讲课的内容，更多的是想一睹这位“悲剧女主角”的风采。

下午1点半，玛丽进入教室，走上讲台。听众的掌声平息后，她开始讲话：

“细想最近十年间物理学界取得的进步，人们在电气和物质方面的思考方式发生了重大变化，这让人感到非常惊讶……”

她的语气很平淡，她说的这些话与皮埃尔·居里生前最后一节课说的话一样。玛丽将这席话作为她讲课的开场白，就是要表明她要把皮埃尔未完成的事业继续下去。

两年之后，玛丽晋升为巴黎大学的正教授。

孩子们的“共同课堂”

皮埃尔去世后，玛丽必须独自承担照顾家

庭的重任。幼小的女儿们不断成长，大女儿伊蕾娜马上就要 10 岁了。可是，玛丽对公立学校制度不是十分信任。

的确，在法国这个自由的国度，不存在自己在波兰经历的被他国强制的奴化教育。可是，玛丽也不认可法国这种填鸭式的教育。比起知识本身，更重要的是要自然而然地唤起孩子们对知识的好奇心，这才是应有的教育。

玛丽一直沉浸在失去皮埃尔的悲伤之中，而这一次，对孩子的疼爱激起了她的行动欲望。

玛丽发动了学者、教育家，建立了全新的、与现有教育理念完全不同的课堂。在科学、语言学、艺术等各个学科领域，都聚集了该领域的知名人士。这些教育者把自己擅长的知识分解成简单易懂的小节，这些内容能够深深地吸引孩子们的兴趣。讲课的对象除了伊蕾娜之外，还有支持这项事业的其他人家的孩子，一共10人。

当然，孩子们没有固定的校舍，上课地点有时在学者家里，有时借用巴黎大学的教室。这与玛丽年轻时在华沙经历的“流动大学”的形式很相像。

玛丽亲自教授的课程当然是物理。

“空气是什么？”“真空是什么？”“气球里面有什么？”“空气也有重量吗？”

玛丽把许多道具摆在桌子上，逐一向孩子们提问，或者让孩子们亲自摆弄道具，帮助孩子们加深理解并推进课程。

遗憾的是，这个“共同课堂”并没有持续太久。为了维持这个课堂，“教师们”忙得不可开交。

一场绯闻

“共同课堂”聚集的教师中，有一位叫作保罗·朗之万的物理学者。皮埃尔还健在时，他就是居里夫妇二人要好的朋友，也是皮埃尔的学生。皮埃尔在巴黎大学担任教授之后，朗之万继任了科学预备讲座讲师的职位。皮埃尔·居里对于玛丽的重要程度，以及玛丽失去丈夫之后有多么痛苦——作为朋友，同样作为物理学者，朗之万深深地理解这一切。

同时，朗之万的家庭生活也不是很幸福。他和妻子的关系很冷淡，这让他很苦恼。

正是这些原因，使玛丽和朗之万成了相互支撑、相互鼓励的朋友。可是，这也恰恰成为引发一场绯闻的导火索。

1911 年，曾经一度拒绝丈夫皮埃尔入会的科学学会，将玛丽本人提名为新会员的候选人。

会员名额只有 1 名，候选人却有 3 名。玛丽·居里当时已经是能够代表法国的科学家，名声享誉国内外。恩师加布里埃尔·李普曼、相同领域的前辈亨利·庞加莱等人十分认可玛丽的实力，力荐她成为会员。但是，科学学会当时的会员全部是男性，很多会员认为今后也应该保持这样。保守派报纸发文攻击玛丽，声称这是对权威机构的亵渎。

结果，物理学者、发明家爱德华·布朗利在选举中获得 30 票，排在第一位；玛丽获得 28 票，以微小的差距与这个机会擦肩而过。

这年年末，发生了一件让玛丽觉得难堪的事情。一家报纸刊发了一篇关于玛丽和朗之万教授之间的“风流韵事”的文章，声称玛丽是破坏朗之万家庭关系的恶妇。其实，朗之万夫妇的关系早就破裂了，报纸却无视这一点。

到法国留学以来，玛丽取得了不小的成绩，

她和丈夫一起为法国赢得了一项又一项荣誉，可右翼派系的报纸和杂志赫然将她称为“法国母亲的敌人”“破坏法国优良传统的外国女人”。许多朋友鼓励玛丽，拥护玛丽，可是这些报道仍然深深地刺痛了玛丽的心。

第二次荣获诺贝尔奖

在这样的旋涡之中，玛丽又一次获得了一项荣誉。位于瑞典斯德哥尔摩的诺贝尔奖委员会发布授予玛丽诺贝尔化学奖的消息。这次，玛丽是单独获奖，获奖理由是“镭和钋的发现、对镭及其化合物性质的研究”。

研究题目和之前获得的诺贝尔物理学奖相关联，这么做恰恰证明了玛丽的研究有二次获奖的价值。这是有史以来，首次有人两度获得诺贝尔奖。

玛丽请姐姐布罗尼雅帮忙照看女儿伊蕾娜，只身前往斯德哥尔摩。在纪念演讲上，玛丽首先不忘声明，获得这个奖项并不是自己一个人的功劳。

“在进入今天的演讲主题之前，我想提醒大家，镭和钋是我和皮埃尔·居里共同发现的。在放射能的多项基础研究中，无论是我的单独研究、我与他的共同研究，还是与学生们的共同研究，皮埃尔·居里都承担了很大一部分工作。从纯盐状态中分离出镭时，关于明确特征并确立其为新元素的化学领域研究方面，是我独自完成的，可这还是与之前的共同研究有着紧密的联系。因此，我认为科学学会授予我这项荣誉，本意也是对发起共同研究、如今已离开我们的皮埃尔·居里的赞扬。”

这一年，玛丽身上发生了太多太多的事情，

就在12月末，马上要过新年之时，玛丽倒下了。她被诊断患重度肾炎，第二年春天需要接受手术治疗。之后的几个月，玛丽都没能全身心地投入到研究中去，她需要一边与病魔作斗争一边静养。

不过，对于玛丽来说，有一个好消息：俄国国内动荡不安，帝政弱化，因此俄国对波兰的统治也逐渐缓和了。在这种形势下，华沙成立了放射能研究所，计划请玛丽担任所长。

面对这次能够回到祖国的机会，玛丽怦然心动了。那时，法国掀起了一场对玛丽进行无情中伤诽谤的“暴风雨”。与此同时，玛丽心中一直有着报效祖国的念头。

可是，在法国，还有皮埃尔未完成的事业。在诽谤中伤之中，还有人在保护着玛丽。皮埃尔盼望已久的研究设施，终于要在巴黎市内开始建设了。

玛丽心有愧疚地给华沙写了一封信，拒绝了邀请。但是玛丽还是给予了帮助，她将自己培养的两名波兰弟子派到研究所，也承诺自己将在巴黎进行远程指导。

1913 年，在研究所的成立仪式上，身体不适的玛丽首次用波兰语作了有关放射能的专业演讲。

第二年 7 月，在以丈夫名字命名的皮埃尔·居里大街的一角，镭研究所·居里楼终于完工了。当年在既漏雨又透风的破烂实验室里，居里曾梦想过拥有这样的设施，如今终于如愿以偿了。

可是，玛丽沉浸在实验和研究的日子很快就消失了，一场大规模的战争席卷了整个欧洲。

第五章

战火下的第二个祖国

第一次世界大战爆发

1914年6月，奥匈帝国皇储弗兰茨·斐迪南大公夫妇在萨拉热窝遭遇枪击，遇刺身亡。

波斯尼亚大部分居民均为南斯拉夫人，他们想从奥地利获得解放，而塞尔维亚盼望与邻居南斯拉夫人的国家进行统一，这次袭击就是他们谋划的，并且这次事件并没有到此而止。

当时，欧洲各国之间的关系十分紧张，在历史上各国都有过纷争，一些国家想要夺回被邻国占领的土地，一些国家被大国吞并，人们想要再次独立。同时，各国为了本国的产业，都在相互竞争，取得有利的市场。还有些小国采取“远交近攻”的战略，即与远方的大国搞好关系，牵制附近的邻国。

错综复杂的关系搅在一起，像是缠绕在一起的绳子。而此时“萨拉热窝事件”的发生，让这根绷得很紧的绳子突然断开了。

7 月 28 日，奥匈帝国宣布向拥有“反奥地利活动”背景的塞尔维亚发动战争。

紧接着，奥地利的同盟国德意志在 8 月 1 日向支持塞尔维亚的俄国宣战，8 月 3 日向法国宣战。德意志军队发起攻势，目标直指法国。德意志刚入侵比利时的时候，英国便宣布向其发起战争，隶属英联邦的澳大利亚和新西兰随后也加入到英国的行列中。

在此之后，与英国结下同盟的日本，也向德意志宣战，对当时中国境内由德国管辖的青岛要塞发起进攻。

就这样，萨拉热窝街角响起的一声枪响，像推倒了多米诺骨牌，引起了连锁反应。一瞬间，战火燃烧遍了整个欧洲，甚至蔓延到了欧洲以外的国家和地区。

攻向巴黎的德意志军队

当然，每天埋头于研究的玛丽并没有察觉到各国之间的紧张感日渐增加。因为自她出生以来，战争从未如此逼近。

这个夏天，玛丽要和女儿们到布列塔尼地区度假，已经租好了别墅，家庭教师先带着两个女儿去往别墅。可是，在玛丽还没有动身离开巴黎的时候，事态急剧恶化。

玛丽每天都给孩子们写信，她心里很不安，犹如母亲和孩子被暴风雨吹散一样。

（8月1日）

“亲爱的伊蕾娜、亲爱的艾芙，事态向着不好的方向发展了。这边马上会发起动员。我不确定是否还能去往你们那边。但是，你们不要慌张，要冷静，保持好情绪。如果战争没有爆发，我们周一会见面。但是，如果战争爆发了，我就留在这边，等情况允许了，你们再回来。”

（8月2日）

“亲爱的女儿们，动员开始了，德意志军队没有宣战便侵入了法国。最近一段时间，可能信件的往来邮寄也会受到阻碍。”

（8月6日）

“亲爱的伊蕾娜，我也迫切地希望能有办法让你们回来，可是现在真的不行。请你们再耐心地等一等。

“德意志军队一边攻打比利时，一边向前方进攻。”

所谓的动员，是指召集包括预备兵役在内的所有兵力，为战争作好准备。没过多久，双方终于开战了，玛丽周围的年轻男性一个个地被拉去上了前线。

这不仅仅是“在国境发生了战争”。开战不久，德意志军队以惊人的速度持续进攻，看战争的态势，马上就要攻打到玛丽所在的巴黎了。

在这个特殊时期，如何与分离的女儿们相聚，玛丽必须作出紧急应对。她很担心不在身边的女儿们，好在亡夫皮埃尔的哥哥雅克可以在那边照顾女儿们。

玛丽应该先做什么呢？如果德意志军队占领了巴黎，那么，刚刚开设的研究所里的各类机器将会被破坏。不管怎样，经过漫长努力提炼出的 1 克镭，是她必须要坚持守护的“人类的宝物”。

这是玛丽最初的决心。

小小的一片镭虽然只有 1 克，但玛丽为了避免放射线泄露，将它放进了重达 20 千克的铅箱中封存并用大衣包裹，将它带离了巴黎。

玛丽想把它运送到战火还未蔓延到的安全地带——法国南部的波尔多。在驶出巴黎的列车中，挤满了从德意志军队占领区逃离的人们。车厢里人满为患，好不容易到达了目的地波尔多，那里也都是前来避难的人。车站里看不到搬运工的身影，玛丽一个人无法搬动这么重的行李，只能久久地站在那里。

有人实在看不下去，四处奔波，帮玛丽寻求安放之地。一番周折后，玛丽终于将“人类的宝物”寄存到了银行租借的保险箱中。玛丽终于放下心来。

她想返回巴黎，可遭到了有些人的质疑：

“怎么回事？德意志军队马上就要攻打到巴

黎了，可这人竟然要回巴黎，这是怎么回事？”

“不是刚刚从巴黎逃到这里的吗？”

“每个人都是从巴黎逃到这里，这个妇人竟然还要赶往巴黎……”

“我在巴黎还有不得不做的事情。”玛丽回应道。

玛丽坐上了开往巴黎的列车。在返程列车里坐的都是去往前线的士兵们，普通百姓只有玛丽一人。

吞噬生命的消耗战

珍贵的镭终于有了安放之处，对于玛丽来说，已经解决了眼前最大的危机。可是，她还不能休息。几年之前，她还被唾骂为“藐视法国的外国女人”，人们甚至叫她“滚出法国”。

迫害她的人是法国人，拥护她、鼓励她的人中也有许多是法国人。作为一名外国人、一名女性，最初向自己敞开大门、提供学习最尖端科技的场所、提供科学研究场所的国家是法国，自己最爱的丈夫也来自法国。第二祖国陷入苦难的时候，自己能够做些什么呢？玛丽不禁陷入沉思。

德意志军队以破坏之势对法国展开进攻。9 月，在巴黎马恩河河畔的一场战役中，法国军队奋勇抗战，成功抵挡住了德意志军队的进攻并将其攻退。德意志没有攻下法国的首都。可是，在此之后，两军在战壕里展开阵地战，相互对峙，互有攻防，战争呈现出长期消耗战的趋势。

战壕之战，是指双方交战时藏身于深深的沟壑之中相互进攻。这样易于防守，可是想主动攻破敌军也很难。想要进攻只能不断向敌军阵地发射炮弹，削弱敌军的战斗力，然后再突击进攻；若敌军藏在战壕里躲过了炮弹，就会全力反击。这样的对战，会造成很多人员伤亡。

科学技术的发展给战争带来了新手段，出现了可以不间断发射子弹的机关枪，可以让炮弹垂直降落的迫击炮，可以让目标变成灼热地狱的火焰放射器，让藏在战壕里的人无处可逃的毒气弹，在敌军上方侦察以便正确发出炮击指示的航空器等；在激战时，可以帮助士兵越过战壕继续前进的钢铁新兵器——战车也登场了。

正如皮埃尔在诺贝尔奖纪念演讲中说道：

“我们揭开世界的神秘之处，对人类来说是好事吗？人类已经成熟到可以灵活应用这些元素了吗？或者说，科学可以阐明的知识，会不会给人类带来灾难？我不禁再一次自问……”

皮埃尔的担心竟然成了现实。皮埃尔曾说

“和发明炸药的诺贝尔一样，我认为，人类的新发现，会更多地应用到好的方面，而不是坏的方面”，正是这个想法驱使玛丽展开行动。

世界上第一辆X射线诊断车

当初玛丽曾想随医疗组织一起做医疗志愿者，不久之后，她意识到应该让自己的专业知识更加有效地得到应用。自战壕消耗战开始，因子弹和炮弹碎片负伤的士兵人数急剧增加。如果放任不管，嵌入体内的异物会继续损害身体组织，碎片释放出来的金属毒素也会让死亡人数不断增加。

如果使用放射线，就能准确地确认体内金属碎片的位置，可以有效地进行手术治疗。利用威廉·康拉德·伦琴在1895年发明的X射线，医学界已经确立了医疗用放射线摄影技术。玛丽没有亲自研究过 X 射线，只是在大学的讲座上讲过一些大体知识。如果前线能够运用这种技术，战场上负伤者的生存率一定会得到很大提升。

玛丽迅速地拜访了各方面相关人员，投入了大量的精力说服各方，开始筹备必要的器材，同时也获得了许可。

为了能够在必要的场所对受伤人员进行快速处置，机器仅放置在野战医院远远不够。与其把负伤者运送到距离较远的、数量有限的医院，不如让医护人员带着必要的器材赶到现场，否则很难及时挽救负伤者的生命。因此，玛丽安排了汽车，把必要的 X 射线摄影器材放在车里，这样它就能够在前线发挥作用了。

玛丽拜访了可能会提供资金的赞助者，请求他们援助。如果有人能够提供放置医疗器材的汽车，玛丽就能马上把它改造成一辆 X 射线诊断车。

“如果战争结束，车子还完好的话，我一定会奉还……”

在玛丽的协调下，医院等 200 多个场所设置了放射线摄影器材，X 射线诊断车的数量也多达 20 辆。这是世界上首次使用 X 射线诊断车对伤者进行救助，大家称这种设备为“普泰特 · 居里”，即“小居里”。

玛丽不仅准备了这些器材，还考取了汽车驾照。同时为了排除汽车故障，玛丽还学习了汽车修理技术。玛丽乘上绘有红十字标志的汽车，在各个野战医院之间穿梭忙碌着。到达现场之后，玛丽立即作好 X 射线诊断的准备，与外科医生组成小组一同展开治疗并进行必要的指导，不耽误任何时间。治疗结束之后，她从不要求任何特殊的待遇，与护士一起睡在简陋的房间或是野战帐篷里，起床之后又飞奔到下一个需要她的地方。

据说，在战争期间，玛丽和她筹备的那些被称为“普泰特·居里”的设备，救助了上百万人的生命。

从大战中逃过一劫的母女

巴黎要被占领的危机结束之后，玛丽又把女儿们接回来生活在一起。

虽说是“一起生活”，但如果身体状况不错，玛丽就会坐在 X 射线诊断车上赶往各个战场，或者对从事放射线医疗的人员进行教育培训，很少有在家的时候。女儿们要去上学，即使在休息日，她们也会去布列塔尼的农场帮忙，因为那里的农夫们去前线作战了。

大女儿伊蕾娜取得了护士资格，还学习了放射线治疗基础知识，后来成了操作技师，成为母亲玛丽的助手。其他医院有情况时，她还能独当一面。

就这样，她们的大部分时间，都献给了在战火之中的法国，一家的财产积蓄也几乎都花在了战争上。为了支援国家筹办军备而购买战时国债，或者捐款……财产中最大的一部分是玛丽个人第二次获得诺贝尔奖的奖金，这笔奖金还以瑞典克朗的形式存在中立国瑞典首都斯德哥尔摩的银行里。玛丽请银行将存款汇过来，兑换成法国法郎，用以购买战时国债。

这时玛丽也预感到（不仅是捐款）国债在战争结束后将变成废纸。虽然法国获得了战争的胜利，可是长时间的消耗战让国力锐减。战败国德意志应该支付巨额赔款，可是对方已经没有偿还能力了。结果，战争中发行的国债并没有得到兑付。

玛丽觉得即便做了这些，也还没有最大限度地尽到义务，她要将至今为止获得的各种科学奖项的金牌也都捐献出去。她只关心自己的研究成果是否能获得认可和好评，并不关心随之而来的世俗名誉，对这些“连实验材料都不是的金属块儿”更是不感兴趣。负责办理业务的法国银行职员惊讶极了，无论如何也不能接受这样的捐献，于是便拒绝了玛丽。结果，玛丽只能闷闷不乐地拿着奖牌回去。

战争结束

1914 年夏天开始时，各方都说战争会在“圣诞节之前有一个结果”，可是整个欧洲都卷入了战争，此后一直持续了多年。特别是法国国土的东北部成了战场，战争也变成了持久战。

1918 年春天，德意志军队集中最后的力量发起攻势，再次攻打到巴黎郊外 100 千米的地方。这个时候，德军使用巨大的列车炮“巴黎炮”向巴黎市内发射炮弹。

不久，美国军队到达了巴黎。这年夏天，加入了新兵力的联合军开始反击，德意志军队在西部战线全线溃败。

第一次世界大战的导火索奥匈帝国，还有保加利亚、土耳其……在那年秋天以后，依次签署休战协议，退出战争。在国力衰败的德意志国内，人们发起了革命，皇帝威廉二世退位，逃亡到邻国荷兰。1918 年 11 月，德国从“帝国”变为“共和国”，开始签署休战协议的谈判。11 月 11 日，所有的军事活动都停止了，战争终于结束了！

一向很安静的玛丽，此时也坐不住了。玛

丽和研究所的人一起坐上了在战争中饱经战火洗礼、弹痕累累的 X 射线诊断车“普泰特·居里”，在巴黎的街道上四处游走。他们被街上兴奋的人们包围起来，有几个人还登上了“普泰特·居里”的车顶，高兴地叫喊着。

战争的结束也为玛丽带来了另一件高兴的事情。基于第一次世界大战后的“民族自决”原则，祖国波兰再次获得独立。玛丽常常期盼着祖国能够获得解放，但实际上，她一直在担心自己有生之年可能等不到那一天。

在 1920 年玛丽寄给身在祖国的哥哥约瑟夫的信件中，可以看出她的这一想法。

“这样，‘在隶属状态中出生，在摇篮中带着枷锁’的我们，一直梦想着祖国能够复活，如今终于实现了。我真没想到在我们的有生之年能够实现这件事。在我们小时候，实现这件事真的是不太可能——不过现在成了现实！的确，为了这份幸福，我们的国家付出了太多，今后可能还要继续付出。可是，如果战后波兰被封锁，变得四分五裂，失落和痛恨会占据我们的内心，这要比现在的情况更令人不安。我像哥哥一样，相信未来。”

浴火重生的祖国波兰，在国家元首约瑟夫·毕苏斯基将军的统领下独立重建。1919年就任总理的是代表波兰出席巴黎和会的伊格纳西·帕德雷夫斯基。玛丽当年刚刚到巴黎的时候，姐夫带着她去听音乐会，当时的年轻钢琴家正是他。

第六章

放射能研究的第一人

1 克镭

对于玛丽来说，记者的存在让她感到很麻烦。他们对玛丽探明的世界上的神秘未知事物毫不关心。比起这些发现，玛丽对他们的价值仅仅是“获得诺贝尔奖的奇怪女性”。

比起研究内容，记者采访玛丽时，问的全是关于私生活的问题。如果玛丽拒绝回答，记者马上会面露不悦，乱写一通……如果没有科学这个共通的话题，玛丽与初次见面的人交谈会显得很拘谨，所以，玛丽极力避开他们也是情有可原的。

1920 年 5 月，玛丽与从美国来访的女记者玛丽·马丁利·麦隆内见面，可以说是相当罕见。

麦隆内夫人是玛丽的崇拜者，曾几次申请采访玛丽，却没有得到任何答复。最后，她通过认识的物理学者来说服玛丽，这才有了见面的机会。

话题自然是关于麦隆内夫人的国家——美国。当然，不能一下子就开始谈论美国的文化、政治等话题。玛丽先是向麦隆内夫人逐一指出美国哪些地方有多少镭。玛丽表示，美国一共有 50 克镭的储量，很让人羡慕，这可以占到世界镭总量的大约三分之一。

可是，一说到镭的存有量，世界上首先成功分离出镭的玛丽·居里博士应该比其他任何地方都存有更多的镭——即使不是麦隆内夫人，其他很多人也会这样认为。玛丽回答了这个疑问。

玛丽说，她的研究所有1克镭，但这已经是法国所有镭的存量了，如果还能够获得1克镭用于研究，就再好不过了。

战争结束，终于可以在新的研究所里开展研究活动了。与以往一样，研究费还不是很充裕，1克镭需要10万美元，这对于镭的发现者玛丽来说，是一件遥不可及的事情。

针对玛丽的情况，迅速发起行动的是美国人。麦隆内夫人回到纽约后，发起了“为玛丽·居里博士捐献1克镭”的活动。美国各个城市的“玛丽·居里·镭基金”开始运作，美国财政界的大人物的夫人们，以及美国一些代表性的大学都不遗余力地伸出了援助之手。在各方的协助下，麦隆内夫人很快就筹集到了购买1克镭的资金。

美国方面打算把镭赠送给玛丽时，要举行一场盛大的仪式，因此邀请玛丽来美国。一时间，此消息闹得沸沸扬扬，玛丽对赴美显得略有犹豫。1921 年春天，玛丽终于和女儿们一起渡过大西洋，前往美国。

仪式现场人山人海，挤满了民众、摄影师和记者。玛丽所到之处，各方都授予她纪念奖牌和名誉博士称号。5 月 20 日，总统沃伦 · 哈丁在白宫向玛丽赠送了镭。真正的镭，需要用铅制箱子封装，箱子的体积大约是张开双臂环抱那么大，如果不这样封装，就会有危险。赠送仪式准备了仿制品。

玛丽的身体状况不好，这次旅途的后半程只能迫不得已取消一些行程。有时候，她也会让伊蕾娜、艾芙代表她进行发言和寒暄。

不过，这次美国之行的确很有价值。除了获得研究用的 1 克镭，“玛丽 · 居里 · 镭基金”筹集到的资金还盈余了几万美元，这些募捐资金也作为研究费被赠送给了玛丽。

奔波于世界各地的居里夫人

美国之行让玛丽舟车劳顿，可通过这件事，她也亲身感受到了与人交往的价值。在这之后，虽然身体状况欠佳，但她也开始广泛参加各种对外活动。

为了对第一次世界大战这场空前的战争进行反省，国际联盟顺势成立了。国际文化合作委员会是联合国教科文组织的前身，1922 年，玛丽被任命为国际文化合作委员会委员。在此之前，与科学研究无关的活动，玛丽尽量避免参加，这次她却积极地参加了委员会。虽然玛丽并没有针对镭申请任何专利，但她站在拥护科学研究领域所有权的立场上开展各项活动。

玛丽原来不喜欢会见陌生人，可如今，从欧洲各国到南美洲，她跑遍各地参加科学会议，访问研究机构和工厂。

她在“一战”后对祖国波兰访问了三四次，也竭力帮助建设位于华沙的镭研究所。为了波兰的研究能够再使用1克镭，1929年，她再次访问了美国。位于华沙的镭研究所在1932年正式建成。

在法国当地，1920年，罗斯柴尔德家族成员之一亨利·罗斯柴尔德发起建立了“居里财团”。1922年，玛丽作为首位女性会员入选法国科学学会。在此之前，法国科学学会正因为玛丽的女性身份质疑她的资格，并拒绝她加入学会；而这一次，玛丽并没有申请成为候选人，法国科学学会主动邀请她加入。

1923年12月26日，“居里财团”举行了纪念发现镭25周年的仪式。居里夫妇和共同研究者古斯塔夫·贝蒙特的联名论文《论沥青铀矿中含有一种放射性很强的新物质》正是25年前的1898年12月26日发表的。为了参加本次纪念仪式，哥哥姐姐——约瑟夫、布罗尼雅、海拉也特意从波兰赶来。

1926 年，玛丽的大女儿伊蕾娜和镭研究所研究员弗雷德里克·约里奥结婚。伊蕾娜继承了母亲玛丽的事业，也选择了物理学者之路。结婚后，夫妇二人使用了“约里奥·居里”这个双重姓氏。在玛丽去世之后，夫妻二人也获得了诺贝尔化学奖。母女二人都获得过诺贝尔奖，这还是世界首例。居里一家母女两代人，合计荣获了 5 项诺贝尔奖。

日渐衰弱的身体

作为放射能研究领域的第一人，玛丽的地位不可动摇。

另一方面，玛丽的身体开始出现很多问题。

正如前文所述，在第一次世界大战之前，玛丽就曾因为肾炎而病倒。战后，玛丽的白内障越来越严重，这让她很苦恼。1922 年之后，玛丽接受了几次手术，但无法缓解视力的衰退。玛丽因为不明原因的头痛和眩晕卧床，有时直接病倒。1933 年，玛丽还查出患有胆结石。

病因有可能是过度劳累或营养不良，但也有可能是受到了放射性辐射。研究所全员都接受了血液检查，玛丽还被查出了异常的数值。

刚发现镭不久后的一段时期内，人们甚至认为这种放射能“对身体有益”。之后，人们才逐渐认识到它对人体健康有不良影响，开始采用各种各样的措施进行防护。可玛丽自身对这种事一点儿都不敏感。

丈夫皮埃尔生前为了测试镭的影响程度，用镭做实验时，特意将镭放在手臂上，受到了严重的灼伤。玛丽的手也因为常年做实验，留下了许多被镭灼伤的疤痕。

1934 年 5 月，玛丽因为发烧病倒了，有可能是患了流感，也可能是患了肺结核……诊断过程一波三折，最终未见肺部异常，此后进行血液检查，被诊断为再生不良性贫血。这是骨髓机能损伤表现出来的症状，医生们还是怀疑患病与放射线有关。

玛丽这次病倒后就卧床不起了。7 月 4 日，她与世长辞。虽然她晚年被荣誉包围，但葬礼很简单，只有一些比较亲近的人参加，哥哥约瑟夫和姐姐布罗尼雅也从华沙赶来了。当玛丽的棺材被放进墓穴时，他们每人向棺材上撒了一把从波兰带来的土。

在玛丽去世后的调查中，调查人员从她生前使用的笔记本及亲笔写的论文手稿中检测出了高含量的放射线。

玛丽·居里的前半生一直致力于揭开放射

线这个不可思议的谜团，发现未知的元素并研究探明其性质。玛丽在科学史上留下了光辉的成果，同时也用自己的身体证明了这种新物质的危险性。

玛丽·居里的遗物

玛丽·居里去世了。

在周围人看来，玛丽是一个沉默寡言又倔强的人。作为一名科学家，作为一名波兰人，作为一名女性，作为一名母亲，她向着梦想前进，永不放弃，她的人生充满了挑战并勇敢地冲破阻力。

那么，玛丽的愿望都实现了吗？

第一次世界大战结束后，祖国波兰恢复了独立。可在玛丽去世几年后的 1937 年，纳粹德国与苏联从东西两面攻打过来，波兰再次面临灭亡的灾难。玛丽的家乡华沙，在1944年夏天遭到了德国的报复攻击，许多建筑遭到破坏，很多市民被杀害，华沙成了悲剧的舞台。

第二次世界大战之后，女性更广泛地参与了社会活动。在不少国家中，男女同权在法律上得到了保障。如玛丽当初面临的那样，因为是女性就不能获得应有的评价和地位，这种情况有所改观。

实际上，即使在今天也没有完全消除有形或无形的性别歧视。一些保守的男性位高权重，拥有傲人的功绩，始终无法摒弃对女性的性别歧视。2015年6月，获得诺贝尔医学生理学奖的男性科学家在发言中提到“女性在研究室时，往往会发生一些不希望看到的事情”，引发了巨大争议，事件发展到最后，那位科学家辞去了大学名誉教授的职务。

那么，在科学领域如何呢？玛丽完成了许多伟大的发现，为科学发展作出了巨大贡献。居里夫妇的研究为人们带来了原子能这种“过于巨大的能量”。原子能除了发电以外，也给人们带来丰富的能量，而另一方面，也潜藏着一些严重的事故隐患，人们至今无法掌控。同时，原子能也与开发核弹这种危险的武器有关。“科学是一把双刃剑，人类的智慧一定会让它发挥出‘有利的一面’”，居里夫妇是这样认为的，如果他们看到了广岛、长崎这样的悲惨灾难，一定会叹息不已。

这样说来，玛丽的梦想并没有实现，她留下的科研成果也变成了诱发灾难的种子。

在世界上，小国被大国侵略的悲剧至今仍在上演，性别歧视和国别歧视至今尚未消除。玛丽·居里的存在以及她留下的科研成果教会我们，这些不合理的事情并不是不能被消除，即使科学带来了不良后果，但科学本身并没有善恶，科学究竟能带来什么由人心决定。玛丽对科学和人类智慧抱有的希望，的确给人们带来了勇气。

年　表

公历	年龄	大事记
1867 年	0 岁	11 月 7 日出生于波兰华沙，是乌拉狄斯拉夫·斯克沃多夫斯基和布罗尼斯洛娃·柏古斯卡·斯克沃多夫斯卡的小女儿（第四个女儿）。玛丽亚出生时，名字叫作玛丽亚·斯克沃多夫斯卡
1873 年	6 岁	父亲乌拉狄斯拉夫失去了副督学的职务
1876 年	9 岁	1 月，姐姐素希雅因患伤寒去世
1878 年	11 岁	母亲布罗尼斯洛娃因肺结核病恶化去世 玛丽亚进入女子中等学校上学，当时该学校处于俄国的监督之下
1880 年	13 岁	在法国，雅克·居里和皮埃尔·居里兄弟首次发表关于压电效应的论文

续表

公历	年龄	大事记
1883 年	16 岁	6 月，玛丽亚以第一名的成绩从女子中等学校毕业。之后的一年里，玛丽亚在乡下的亲戚家生活
1884 年	17 岁	为了贴补家用，玛丽亚开始做家庭教师
1885 年	18 岁	姐姐布罗尼斯洛娃（布罗尼雅）赴法国留学，学习医学
1886 年	19 岁	为了帮助姐姐积攒留学的费用，玛丽亚要获取更多的收入，于是做了寄宿家庭的家庭教师 在寄宿家庭里，玛丽亚计划与左拉夫斯基家的大儿子结婚，可因为对方父母强烈反对，婚事破裂
1890 年	23 岁	姐姐布罗尼雅在巴黎与柯基梅休·德伍斯基医生结婚
1891 年	24 岁	赴巴黎留学，在巴黎大学理学部入学。之后，改为法国风格的名字，叫作玛丽
1892 年	25 岁	从姐姐、姐夫家搬出，在拉丁区的简陋宿舍里开始单身生活
1893 年	26 岁	取得物理学学士学位。获得“亚历山德罗维奇奖学金”，足以保障她下一年度在巴黎的留学生活

续表

公历	年龄	大事记
1894 年	27 岁	春季，与法国物理学家皮埃尔·居里相遇 夏季，获得数学学士学位，暂时回到波兰
1895 年	28 岁	7 月 26 日，与皮埃尔·居里结婚
1896 年	29 岁	通过中高等教育教授资格考试
1897 年	30 岁	9 月 12 日，大女儿伊蕾娜出生 发表了首篇论文《关于淬火钢的磁性研究》。年末，将铀研究作为博士论文的题目
1898 年	31 岁	4 月，发现钋。7 月，玛丽与丈夫皮埃尔联名发表论文《论沥青铀矿中一种放射性新物质》 12 月，宣布存在新的放射性元素，命名为镭。玛丽与丈夫皮埃尔和共同研究者贝蒙特联合发表论文《论沥青铀矿中含有一种放射性很强的新物质》
1899 年	32 岁	在圣约阿希姆斯塔尔矿山发现了 10 吨沥青铀矿。以此为开端，在简陋的实验室里对镭进行分离

续表

公历	年龄	大事记
1900 年	33 岁	丈夫皮埃尔任高等理工科学校教师后，任巴黎大学附属 PCN（为考入医学部而开设的物理、化学、自然科学讲座）教师。玛丽成为赛福尔女子高等师范学校特约教师
1902 年	35 岁	父亲乌拉狄斯拉夫·斯克沃多夫斯基去世 发布从镭盐中提取了 1 克镭
1903 年	36 岁	6 月，发表论文《关于放射性物质的研究》，在巴黎大学获得物理学博士学位 同月，英国皇家研究院邀请居里夫妇前往伦敦，丈夫皮埃尔作演讲 8 月，怀有身孕 5 个月，不幸流产 12 月，获得诺贝尔物理学奖。居里夫妇与亨利·贝克勒尔共同获奖
1904 年	37 岁	皮埃尔任巴黎大学理学部物理学教授 11 月，玛丽任巴黎大学理学部皮埃尔研究室实验主任

续表

公历	年龄	大事记
1904年	37岁	12月6日，小女儿艾芙诞生
1905年	38岁	6月，访问了瑞典斯德哥尔摩。丈夫皮埃尔进行了延期已久的诺贝尔“授奖纪念演讲” 7月，丈夫皮埃尔被选为科学学会会员 第一次俄国革命。之后，俄国对波兰的控制渐渐放缓
1906年	39岁	4月19日，丈夫皮埃尔因交通事故去世 5月1日，作为丈夫皮埃尔的继任讲师，就任巴黎大学理学部物理学讲师 11月5日，在巴黎大学首次讲课
1907年	40岁	因为女儿们的原因，与研究者们开设“共同课堂”
1908年	41岁	作为丈夫皮埃尔的继任，担任巴黎大学正教授 整理总结丈夫皮埃尔的论文，编辑、出版了《皮埃尔·居里著作集》
1910年	43岁	皮埃尔的父亲尤金·居里医生去世

续表

公历	年龄	大事记
1910 年	43 岁	出版《放射能概论》 成功提炼纯金属镭 在放射线会议上，确定 1 克镭含有放射线能的单位叫作“居里”
1911 年	44 岁	1 月，在科学学会选举中，以微弱的票数之差落选 与保罗 · 朗之万之间的绯闻被媒体大肆报道 任波兰科学协会名誉会员 10 月，出席在比利时布鲁塞尔召开的第一次索尔维会议，与阿尔伯特 · 爱因斯坦等人结下良好的友谊 12 月，获得诺贝尔化学奖，在斯德哥尔摩作纪念演讲 回国后，因肾脏疾病病倒。之后一年多，因病需要疗养，很少参加活动
1913 年	46 岁	出席华沙放射能研究所成立仪式。首次用波兰语进行演讲
1914 年	47 岁	7 月，在巴黎皮埃尔 · 居里大街上，成立了镭研究所居里楼

续表

公历	年龄	大事记
1914 年	47 岁	（第一次世界大战爆发） 研发放射线治疗车，到前线开展医疗救援活动
1918 年	51 岁	（第一次世界大战主要国之间签署休战协定。波兰恢复独立）
1920 年	53 岁	会见美国记者玛丽·马丁利·麦隆内 “居里财团”成立
1921 年	54 岁	在麦隆内的发动下，为设立“玛丽·居里·镭基金”前往美国。获赠 1 克镭作为实验试样
1922 年	55 岁	任国际联盟国际文化合作委员会委员 接受第一次白内障手术 因对医疗事业作出贡献被选为科学学会会员
1923 年	56 岁	12 月 26 日，“居里财团”举行了发现镭 25 周年纪念仪式，哥哥和两位姐姐从华沙赶来出席该仪式
1926 年	59 岁	大女儿伊蕾娜和弗雷德里克·约里奥结婚。结婚后，夫妇二人使用了“约里奥·居里”这个双重姓氏

续表

公历	年龄	大事记
1932 年	65 岁	出席在波兰华沙举办的镭研究所成立仪式
1933 年	66 岁	12 月，查出患胆结石
1934 年	67 岁	大女儿伊蕾娜和她的丈夫弗雷德里克发现人工放射能 7 月 4 日，因放射线损伤，在疗养地去世，享年 67 岁 遗作《放射能》出版发行 大女儿伊蕾娜和弗雷德里克·约里奥，即约里奥·居里夫妇，共同获得诺贝尔化学奖
1995 年		居里夫妇的遗骨被移入法国先贤祠

参考文献

本书在写作时参考了以下书籍和资料，感兴趣的读者可进一步了解阅读，相信一定会有新的收获。另外，部分书籍可前往图书馆等处查阅。

《居里夫人传》，艾芙·居里著，河野万里子译，白水社，2006年

小女儿艾芙编写的关于母亲玛丽·居里的传记。书中不仅描写了女儿身边的“母亲居里”，还从居里年轻时与亲人、朋友的书信往来中摘录了大量的素材。原著于1938年在法国的出版社出版发行。此处为读者介绍的是新译本。

《科学家居里》，塞阿拉·德里著，增田珠子译，青土社，2005年

该书对艾芙所著传记没有涉及的绯闻进行了描写，总结了玛丽的一生，简单易读；还登载了萨比娜·塞弗特所写的简易本《伊蕾娜·约里奥·居里传》。

《居里夫人》，松冈洋子著，旺文社文库，1974年

文库版《玛丽·居里传》。该书参考了艾芙所著的传记，简单易读。

《居里夫人的理科教室》，吉祥瑞枝监修，冈田熏、渡边正译，丸善出版社，2004年

居里夫人为大女儿伊蕾娜等10岁左右的孩子开发的“共同课堂”的讲义。从一名学生的笔记中，启发孩子们探索各种各样“世界上不可思议的自然现象”，再现了课堂实验的景象。

其他参考文献

《玛丽·居里的所思所想》，高木仁三郎著，岩波少年新书，1992 年

《皮埃尔·居里传》，居里夫人著，渡边慧译，白水社，1971 年

《玛丽·居里的挑战：科学·性别·战争》，川岛庆子著，翻译视野出版社，2010 年

《居里夫人的后裔：波兰的女性们》，家田美智子著，筑摩书房，1988 年

“玛丽·居里（1867—1934）辐射线的发现”，东海大学理学部物理学教授沃尔夫冈·本茨，内容详见：*http://www.sp.u-tokai.ac.jp/~bentz/curie.pdf*

思考题

问题 1

玛丽赴巴黎留学之后，在姐姐布罗尼雅夫妇家中借宿不到半年她便搬了出去，开始一个人生活。请问这是为什么？

问题 2

居里夫妇过着清贫的研究生活，辛辛苦苦发现并精炼了金属镭，这项研究与巨大的产业相关，可是居里夫妇没有申请专利。请问这是为什么？

问题 3

第一次世界大战期间，玛丽在野战医院等地设置了 200 多台 X 射线医疗诊断设备，改造了 X 射线诊断车，为了救死扶伤在各处奔波。是什么想法驱使她这样做的呢?